STÉPHANE DIBY

L'UNION MYSTIQUE
À
MARIE

TABLE DES MATIÈRES

introduction

Une chose me hante depuis ces dernières années, je pense très souvent à mes fins dernières. Ne pas tomber dans l'oubli de mon néant le moment venu. Ce serait dramatique d'être dans le déni au moment le plus important de mon existence, la rencontre avec Dieu. J'ai fini par comprendre que je n'ai rien à prouver à Jésus, Lui, face à qui tous les masques tombent. M'en remettre à Sa Miséricorde est la seule issue que j'ai pour recevoir le don d'être admis au paradis. Toute ma vie m'y prépare, car toutes mes expériences m'ont conduit à réaliser que je suis un pauvre, un pauvre type! Un incapable qui, après maints efforts, finit par dire à Dieu: « je crois que pour le paradis, c'est raté ! Il va falloir que tu m'en fasses don, sans quoi ne t'attends pas à m'y voir ». Je bénis le Seigneur pour ma vie, une vie dans laquelle je n'ai rien fait! Rien fait de bon! Je suis un assisté, un assisté du Ciel. Tout dans ma pauvre existence n'est que don d'en haut en dehors de mes fautes et de mon péché.

Cet ouvrage porte mon nom, mais ne peut en aucun cas venir de moi. Ici encore je pourrai quasiment dire qu'il m'est tombé du Ciel. Dieu l'a décidé et un beau matin je l'avais dans les mains, tout fait! Il est grand le mystère de la foi! Oui! Qu'il est grand le mystère de la foi.

Dites à ceux qui soupçonnent Marie d'être une déesse qui veut prendre la place de Jésus, qu'elle pourrait dire comme moi: « Tout dans mon humble vie n'est que don du Ciel. Un beau matin du sixième mois depuis la conception de Jean le Baptiste, Dieu m'est tombé du Ciel! (Cf. Luc 1, 26) » Dites-leur que Marie a dit « oui » (Cf. Luc 1, 38) et que son Fiat a été le germe de toutes les Gloires qu'elle possède aujourd'hui, car le Royaume appartient à ceux qui se reçoivent de Dieu. Elle est claire cette proclamation : « Bonheur aux pauvres! Car c'est à eux qu'est le Royaume des Cieux » (Mt 5,3).

Cela Saint Louis Marie Grignon de Montfort l'a compris et a consacré sa vie à être l'esclave de Marie, lui remettant tout son être, dans la conscience que la Reine du Ciel saura lui apprendre les secrets du Royaume, les secrets pour être pauvre, petit, néant, car au Ciel il n'y a de place que pour Dieu. L'immaculée nous apprend à nous vider de nous-mêmes pour que le Christ soit Tout en tous. Par Marie nous comprendrons que le Ciel est un état de dés-appropriation continuelle de soi, pour que continuellement et éternellement Dieu soit Dieu en nous. Marie est une Pauvreté continuelle. Elle nous invite à son école pour goûter la béatitude de ceux qui n'ont que Dieu pour être pleinement eux-mêmes.

J'ai beaucoup d'admiration pour le roi David. Quoiqu'en me penchant sur sa vie, je me suis souvent demandé en quoi il était un roi selon le cœur de Dieu. Pensons-nous vraiment qu'il ait pu revendiquer la capacité de vaincre les fauves? (1 Sam 16) Ou la compétence pour terrasser Goliath ? (1 Sam 17) De toute évidence non ! Le choix de Dieu s'est porté sur lui, le plus frêle et le plus jeune parmi ses frères. David fait partie de ceux qui se sont reçus de Dieu pour devenir des figures incontournables. Peut-on vraiment dire qu'après son sacre il ait été irréprochable ? Je ne crois pas non! Certains diront que c'était un homme à femmes, mais ce n'est pas vraiment cela sa vulnérabilité. Ce n'était pas un homme à femmes, c'était un passionné! Le passionné écoute plus son cœur que sa raison, à tort parfois je l'admets, mais c'est pourtant un profil apte à vivre de grandes expériences d'union à Dieu, qu'on ne peut appréhender qu'à cœur ouvert. David c'est un pauvre, capable du pire! Il convoite la femme d'un autre et n'en démord pas jusqu'à l'adultère. Ensuite il élabore un plan machiavélique qui conduira à la mort d'un innocent (2 Sam 11). Voici jusqu'où peut aller un passionné et les « magistrats » le voueront très vite à l'enfer! Mais par quel chemin Dieu donne comme fruit d'un adultère mêlé de meurtre, le grand roi Salomon? (2 Sam 12). Lui aussi, roi selon le cœur de Dieu, alors qu'il pullule de concubines. Qui peut comprendre les voies de Dieu? Ou plutôt qui peut comprendre la voie de Dieu? Il n'a qu'une seule voie en réalité, c'est l'Amour. Seul l'Amour discerne les agissements de l'Amour qui peuvent s'avérer scandale et folie. Le pire péché dont David est capable ne fait pourtant pas le poids devant sa capacité de grandes folies d'amour pour Son Dieu. Sa passion est plus forte que son titre, plus forte que sa réputation. Tout roi qu'il était, il ne s'est pas gêné pour danser nu devant son épouse qui l'a méprisé, mais il n'en fera pas moins pour Son Seigneur. Il se met nu et devant tout le peuple, exprimant ainsi son néant, il danse devant l'arche de l'alliance. Un seul acte d'amour efface une multitude de péchés (1 Pierre 4, 8). Un passionné est capable de pires abominations, mais surtout de pures folies d'amour, c'est pourquoi Dieu se réjouit de voir son fils David et fait de lui le roi selon son Cœur. Le Seigneur n'a eu aucun mépris pour le roi adultère qui s'est couvert de cendre en pénitence et à laisser jaillir de son cœur brisé le célèbre Psaume 51. D'un cœur brisé et broyé, Dieu n'a point de mépris!

J'ai un aîné dans la foi qui me rappelle beaucoup le roi David, c'est un vrai passionné, amoureux fou de Marie. Incompris, il n'a que Dieu et Marie comme seul appui. Comme bien des prophètes en avance sur leur temps, c'est plus tard que l'on comprendra toute la dimension prophétique de son passage en ce bas monde. Les fruits que Dieu lui a donné de porter sont incalculables, car dans sa démesure, il s'est jeté dans le Feu de tout son être par soif du Royaume. C'est un geste qui ne reste pas impuni, car très vite il a fait l'expérience d'une nuit que seuls les fols-en-Christ connaissent. Cela lui a laissé des marques qu'il porte jusqu'à aujourd'hui. L'ardeur du Feu a provoqué en lui une telle purification que son entourage en a été outré. Il a été traité de tous les noms par certains et cela lui a valu la grâce d'être tout petit, pauvre, humble, effacé. Il s'est laissé crucifier! Il en est ressorti avec une grande douceur. Il connaîtra la béatitude des doux, il possédera la terre. Désormais beaucoup reconnaîtront que c'est un témoin des temps modernes et chanteront ses louanges. Un témoin n'est pas spécialement celui qui est irréprochable, mais d'abord celui qui dit Dieu jusqu'à en mourir. Les flammes du Feu ont tant épuré cet homme que son orgueil en a été écrasé. Les conformistes l'ont traité de rien, mais leur jugement simpliste n'a pas compris que « le plus court chemin vers le TOUT passe nécessairement par le rien » La purification dont Dieu lui a fait grâce est si intense que la douleur en devient quasi insupportable. Elle prend plusieurs visages, allant des médisances aux souffrances physiques. Il garde le bonheur d'être jugé digne de souffrir tous ces maux pour le Christ, pour le triomphe du Cœur Immaculé et pour ceux à qui il a pu faire du tort. « Le Seigneur sculpte mon âme avec la langue de mes ennemis » m'a-t-il dit un jour. Il est aujourd'hui dans un état de « recueillement surnaturel » quasi continuel et devient de plus en plus petit chaque jour, en descendant librement vers son néant. Il a provoqué Dieu, il en ressort boiteux! La faiblesse par laquelle Dieu déploie Toute Sa Puissance. Comment s'étonner des expériences d'ordres mystiques qu'il vit aujourd'hui et qu'il n'est pas donné à tous de savoir. À cet aîné, je dois cet ouvrage et mes propos sont pour lui rendre hommage et lui exprimer ma communion et mon soutien. C'est un père dans la foi pour moi.

À tous l'invitation est adressée pour le triomphe du Cœur Immaculé. Pourtant la Reine Immaculée de l'univers est si petite, si humble, si pauvre, si effacée qui les sages, les savants et les puissants ne se sentent pas concernés par cet appel à faire partir de son armée. Il s'agit en effet d'être à la disposition de la Mère de Dieu. Seulement ceux qui s'en remettent entièrement à Dieu, conscient de leur néant, laisseront cet appel faire écho en eux. Reconnaissons que les propos de saint Louis Marie Grignon de Montfort (docteur de l'Église), sont souvent si osés que certains pourraient avancer à reculons. Avanceront à tâtons ceux qui ont encore de grandes richesses et beaucoup à perdre. « N'AIE PAS PEUR DE PRENDRE MARIE CHEZ TOI » (Mt 1, 20)

Quel genre d'individu a peur de s'en remettre à sa mère? Depuis quand l'on trouve normal de réfléchir avant de faire confiance à maman? Tu as peur de faire confiance à Marie? Tu souffres peut-être de blessure du vide!

AMOS STÉPHANE DIBY

UNE PORTE S'EST OUVERTE: ENTREZ AU FESTIN DES NOCES DE L'AGNEAU

CETTE PORTE A POUR NOM MARIE, PERSONNE NE LA REFERMERA

VOICI L'ÉPOUX QUI VIENT, IL VIENT COMME IL EST VENU LA PREMIÈRE FOIS, PAR LE SEIN DE MARIE, ALLEZ À SA RENCONTRE PAR LE SEIN DE MARIE

LE SEIGNEUR A DIT À SA SERVANTE : VAS–T'EN PAR LES ROUTES ET LE LONG DES HAIES, ET FORCE LES GENS À ENTRER, AFIN QUE MA MAISON SOIT REMPLIE.

AUX PLUS PAUVRES, À CEUX QUI SE SENTENT SOUILLES, AUX EXCLUS, AUX BLESSÉS DE LA VIE, IL N'EST DEMANDÉ QU'UNE SEULE CHOSE : REVÊTIR LE VÊTEMENT DE NOCES ET CETTE ROBE IMMACULÉE C'EST ENCORE MARIE

MARIE SE MANIFESTE UN PEU PARTOUT DANS LE MONDE, ELLE VIENT NOUS PRENDRE PAR LA MAIN POUR NOUS CONDUIRE SOUS LE DAIS NUPTIAL, ELLE NOUS DIT: TON DIEU SERA TON ÉPOUX

DIEU A ÉTÉ SÉDUIT PAR SA BEAUTÉ ET IL EN FAIT SA REINE LUI DONNANT POUVOIR SUR LE CŒUR DU ROI, HEUREUX CELUI QUI L'ACCUEILLE DANS SA DEMEURE, COMME À SAINT JEAN ELLE LUI CONFIERA LES SECRETS DU ROYAUME ET L'INTRODUIRA AU CŒUR DE LA TRINITÉ

PREMIÈRE PARTIE

L'UNION MYSTIQUE À MARIE SELON LE SECRET DE SAINT LOUIS-MARIE

DE LA DÉVOTION A LA VIE MYSTIQUE

La dévotion populaire

C'est une belle et grande chose que la dévotion populaire. Populaire n'est pas à prendre dans un sens péjoratif. « L'adjectif populaire désigne ce qui concerne le peuple, qui appartient au peuple ou en fait partie, qui est répandu jusque dans le peuple, qui est conforme aux goûts du peuple ou qui a les manières, le langage, etc., du peuple. C'est aussi ce qui est connu d'un très large public ». Cette définition d'un dictionnaire s'applique aussi au peuple de Dieu. Cet ancien adage
latin « vox populi, vox Dei » signifie « la voix du peuple est la voix de Dieu ». Jusqu'au Vème siècle, les papes étaient élus par acclamation du peuple de Rome. Le peuple de Dieu possède un sens précieux, un flair particulier pour reconnaître la présence de Dieu là où elle se trouve. Il joue un rôle non négligeable dans le fonctionnement de l'Église. C'est ensuite à la hiérarchie de poser un discernement qui devra être suivi inconditionnellement.
On voit que les lieux d'apparitions « douteuses » de la Vierge Marie peuvent dans un premier temps attirer des foules, mais cela ne dure pas dans le temps. On peut dire que la persistance du peuple de Dieu à fréquenter Medjugorje est un élément de poids dans le discernement et le jugement de l'Église. C'est ce qu'on appelle le sensus fidei. Or, dès l'époque de ses études en théologie, J. Bergoglio semble avoir trouvé dans les catégories théologiques traditionnelles du sensus fidei, de l'infallibilitas in credendo du peuple fidèle, ou encore dans l'approche thomiste de la connaissance par connaturalité affective, les instruments rationnels qui permettent de rendre raison théologiquement de l'existence et de la nature de cette sagesse populaire chrétienne.
Les saints ont été aussi longtemps « canonisés » par le peuple par acclamation et cela jusqu'au Xème siècle, c'est-à-dire pendant la moitié de l'histoire du christianisme. On a vu avec Jean-Paul II un tel mouvement populaire où la

foule unanime s'exclamait « Santo Subito ». Le processus canonique a sans doute été accéléré par la clameur du peuple.

Mais il nous faut aussi reconnaître les limites de la dévotion populaire. Si la Gospa répète toujours et encore son appel à la conversion, c'est que la piété n'est pas suffisante. Elle est souvent superficielle et répond à un besoin religieux, voire à une curiosité et à un attrait pour le merveilleux, qui demeure épidermique. Le Père Slavko en avait bien conscience, c'est pourquoi il ajoutait toujours… « avec le cœur ». Vivre la Messe et les sacrements avec le cœur, jeûner avec le cœur, réciter le chapelet avec le cœur ! Car il faut aimer Dieu de tout son cœur, de toute son âme et de toute sa force. Autrement dit, c'est toute sa vie, sans réserve aucune, qui doit être impliquée dans la démarche de dévotion. À ce niveau d'implication, la vie dévote devient la vie mystique.

Qu'est-ce que la vie mystique ?

On confond vie mystique et phénomènes extraordinaires. Bien sûr, de grands mystiques comme Marthe Robin ou le Padre Pio, sans parler de Mère Yvonne-Aimée de Malestroit, sont entourés d'effrayantes manifestations surnaturelles. Mais ce n'est pas cela qui fait la vie mystique. Ces phénomènes extraordinaires l'accompagnent souvent, mais pas toujours, et ne sont jamais recherchés par ces saints. Le grand mystique que nous allons suivre dans ces pages n'a jamais donné dans le sensationnel, il s'agit de saint Louis-Marie Grignion de Montfort. Ce qu'il nous offre n'est pas une dévotion supplémentaire, mais une vie d'union mystique à Marie. Nous verrons comment il s'inscrit dans une longue tradition mystique dont il est comme l'accomplissement. La Petite Thérèse est aussi une grande mystique qui possède la science infuse. Si elle reçut des grâces extraordinaires, c'est d'une façon cachée et son charisme d'opérer des miracles ne s'est manifesté qu'après sa mort. « Mon Ciel, je le passerai à faire du bien sur la terre. »

Sans cette union de tout son être, la Vierge est plutôt un écran entre les mystères de Dieu Un et Trine et nous-mêmes. Avec cette union, la Vierge nous conduit à la véritable vocation de l'homme : devenir un avec Dieu. Marie nous conduit à vivre l'Incarnation du Verbe, car comme l'a dit saint Irénée : « Dieu s'est homme pour que l'homme devienne Dieu. »

Ne perdons pas notre temps dans des petites dévotions, laissons-nous guider vers une vie suréminente qui n'est que bonheur. Et qu'elle est cette vie ? L'habitation de Dieu en nous et de nous en Dieu. Notre déification, comme l'a écrit Marthe Robin, comme la Vierge a été déifiée et incorporée à la Trinité, couronnée par les trois personnes. La Vierge a vécu vingt ans avec saint Jean. La silencieuse des évangiles lui a beaucoup parlé et lui a révélé « toutes les choses qu'elle gardait dans son cœur ». C'est pour cela que l'Évangile de Jean est si différent des trois autres qui relatent les faits, mais non leur signification. Il est appelé Evangile de l'amour, mais on pourrait aussi l'appeler Evangile de Marie (à ne pas confondre avec l'évangile apocryphe et gnostique qui porte ce nom et qui serait celui de Marie-Madeleine). Saint Jean écrit alors qu'il est âgé, avec cette mémoire de vieillard qui se rappelle des moindres détails d'un passé déjà lointain, se souvenant des heures et du temps qu'il faisait. Les paroles de Jésus, il les a longtemps méditées dans son cœur et Marie lui en a révélé le sens profond. Les paroles de Jésus qui paraissent dures ou énigmatiques dans les autres évangiles, il les a méditées avec l'Épouse du Saint-Esprit et elles sont devenues claires et tendres. L'impossible est devenu possible. Car il faut bien l'avouer, l'évangile est impossible à vivre humainement. Aussi impossible que pour un chameau de passer par le chas d'une aiguille. Mais la Mère de la Sagesse éternelle lui a donné la clef de l'énigme : il suffit que le chas de l'aiguille s'agrandisse, se dilate à la dimension du chameau ! Cette dilatation est celle du cœur, elle se produit sous l'effet de l'amour.

« Si quelqu'un m'aime, il observera ma parole, et mon Père l'aimera ; nous viendrons à lui et nous établirons chez lui notre demeure. » (Jn 14, 23) Le disciple que Jésus aimait nous communique le secret de l'habitation trinitaire en nous. Mais approfondissons ce mystère.

Si quelqu'un m'aime ! Toute ma vie j'ai aimé Jésus, mais de quel amour ? Quand je suis tombée amoureuse de mon mari je l'ai aimé bien plus que je n'ai été capable d'aimer Jésus par la suite. Je pensais à lui sans cesse, j'avais accès à une autre dimension de l'être, mon cœur était brûlant, j'en perdais l'appétit, je rêvais de lui, s'il s'absentait il me manquait terriblement, je rêvais d'un avenir commun qui serait si riche et si fécond. Un amour fort comme la mort, un amour plus fort que la mort. Est-ce ainsi que j'aimais Jésus ? Ce n'est que bien plus tard que j'ai connu cet amour fou pour Dieu, où je cherche le silence et la solitude pour être avec mon Bien-aimé. Alors comment cela s'est-il passé ?

Par une expérience mystique, par l'entrée dans la vie mystique. Comment Angèle de Foligno, Catherine de Sienne, Thérèse d'Avila et Thérèse de Lisieux sont devenues folles d'amour pour Jésus ? Je vais dire quelque chose de paradoxal, mais la vérité est paradoxale. En renonçant à l'amour propre et à leur propre amour. Pour le dire d'une manière abrupte : nous sommes incapables d'aimer. Notre amour humain n'est pas désintéressé, il n'est pas pur, il est mélangé à toutes sortes de sentiments et d'émotions, il est capricieux et suit le mouvement de nos humeurs. Mais Dieu est Amour (c'est encore Jean qui nous le dit) et si nous lui laissons la place, c'est Lui qui vient s'aimer en nous.

Les saints (que nous sommes) arrivent avant les fiançailles et le mariage mystique à ce que l'Ecole carmélitaine appelle la vision intellectuelle de la Trinité. Bien qu'elle soit indicible, nous allons essayer d'en dire quelque chose avec des mots simples en nous aidant de ce que nous avons compris des théologiens mystiques (dans l'orthodoxie saint Jean est appelé saint Jean le théologien). Dieu est Un : c'est ce qu'ils appellent la déité dont on ne peut rien en dire. Cette unité se manifeste en trois Personnes qui sont distinctes, chacune se donne à l'autre dans un mouvement d'amour continuel. Notre imagination voudrait qu'il y ait eu d'abord Dieu le Père qui, s'ennuyant dans la solitude de son éternité, se dise un jour : je vais enfanter un Fils. Non ! Le Père n'est Père que parce qu'il engendre le Fils de toute éternité et de cet engendrement permanent jaillit le Saint-Esprit. Dans la vision intellectuelle de la Trinité on ne peut pas faire d'arrêt sur image (les peintres qui ont essayé de le faire se sont « plantés » et leurs représentations sont ridicules). Celui qui contemple le mystère trinitaire est pris dans un mouvement d'amour qui fait que Dieu est innombrable, ou plutôt qu'il est indénombrable, la logique 1=3 est dépassée. Dire que Dieu s'aime lui-même ne veut pas dire qu'il est égoïste et narcissique comme un dieu de l'Olympe. Il s'aime dans les trois Personnes et chaque Personne se donne totalement et se reçoit totalement des deux autres. Or, il a plu à Dieu de déborder de lui-même en créant l'homme, et qu'a-t-il dit ? « Faisons l'homme à notre image et ressemblance. » Remarquons bien le pluriel. Et qu'est-ce que cette forme et ressemblance ? Sinon que nous avons été créés à l'image de la Trinité, que nous sommes faits pour nous donner totalement et nous recevoir totalement dans l'amour et par l'amour. Notre âme a été créée d'une manière trinitaire et nous sommes dans notre unité foncière un et trois. Corps, âme et esprit. Et notre âme possède trois puissances qui sont la volonté, la mémoire et l'intellect. Dans le livre des Dialogues, Jésus dit à sainte Catherine de Sienne : « J'ai créé l'âme à mon image et ressemblance en lui donnant trois puissances : la mémoire, l'intelligence et la volonté. »

Nous possédons en nous toutes les capacités pour aimer Dieu. Aimer c'est vouloir aimer, c'est mettre toute notre volonté au service du désir de répondre à l'appel de l'Amour divin. L'intelligence que les théologiens appellent l'intellect, est faite de raison, de pensée et d'une intuition qui permet de comprendre et d'entrer dans la Sagesse divine. La mémoire garde en nous tous les passages de l'Esprit dans notre vie, qu'ils aient été conscientisés ou pas, particulièrement dans la réception des sacrements. Par l'infusion de la grâce sanctifiante. Notre âme possède une mémoire qui dépasse nos capacités de stockage neuronal. Le souvenir de Dieu est imprimé dans chacune de nos âmes parce qu'il nous a créés.

Et Marthe Robin : « Cette nuit, j'ai pensé intensément à l'amour du Père pour son Fils bien-aimé, à la vie glorieuse de la Sainte Trinité, et plusieurs fois dans mon sommeil j'ai été saisei d'un recueillement étrange, d'un immense désir de prier, de m'abandonner par Marie, « Reine des vierges, Reine des martyrs », à la très Sainte Trinité, mieux que je ne l'ai fait encore... Je me sens tellement et de plus en plus attirée. Et plusieurs fois j'ai dit, pleine de respect, d'amour, de confiance : Que la bienheureuse et très auguste Trinité me possède et m'absorbe pleinement dans son amour. » (Journal intime de Marthe Robin, que nous vous recommandons vivement de lire en vous connectant au site officiel des Foyers de Charité)

AIMER EXCLUSIVEMENT ET SANS DISTANCE

La vie mystique consiste à aimer Dieu dans « un cœur à cœur qui dure jour et nuit », comme le dit la Petite Thérèse. Elle consiste en une intimité à nulle autre pareille, car Dieu est plus intime à nous-mêmes que nous-mêmes, selon la belle expression de saint Augustin, de cœur à cœur, de substance à substance, d'essence à essence c'est-à-dire d'être à être. Nous devenons Lui et il devient nous dans une union si forte et sans confusion. Saint Jean de la Croix prend cette image d'une barre de fer plongée dans le feu : au bout d'un moment, on ne distingue plus le fer et le feu et pourtant le fer demeure fer et le feu demeure feu.

L'exclusivité de cette relation d'amour est le seul moyen de parvenir à une « inclusivité » totale. Une passion amoureuse humaine exclut tout ce qui n'est pas l'autre qu'on idolâtre. La passion d'amour pour Dieu nous confère les qualités de son amour et il embrasse l'humanité entière sans exclusion de personne. La devise de Grignion de Montfort reprise par saint Jean-Paul II illustre bien cette exclusivité : « Totus Tuus » ! Tout à Toi.

L'amour divin ne possède aucun équivalent sur cette terre, ce que ne comprennent pas les psychanalystes qui étudient les mystiques, qui assimilent les extases à une transposition de l'union charnelle dans le domaine religieux, qui parlent de ce qu'ils ne connaissent pas parce qu'ils n'en n'ont pas fait l'expérience. C'est comme si vous aviez invité un sourd à un concert de Yehudi Menuhin, il n'aurait vu qu'un fou qui gesticule en grimaçant. Faites-en l'expérience en coupant le son sur une vidéo You Tube.

Comme l'ont fait les prophètes, surtout Osée, on peut faire des comparaisons, mais ça s'arrête là. Seul le Cantique des cantiques va au-delà, mais d'une manière métaphorique, comme le montre saint Bernard qui en fait un des plus beaux commentaires qui soient.

Une des expériences qui pourraient en être l'image, serait l'amour conjugal parfait, mais comme il est rare ! Et dans le meilleur des cas, c'est un amour calme et assagi alors que l'amour divin est un feu dévorant, une passion où l'amoureux revit le drame de la Passion amoureuse de Dieu pour l'humanité.

L'autre expérience humaine est la passion amoureuse. Il faut d'abord la distinguer de sa forme la plus ravageuse qui est la passion sexuelle, qui ne dure que de quelques semaines à quelques mois. Après quoi l'autre, pour qui on a brûlé, redevient un parfait inconnu. La passion qui dure plus longtemps, outre son caractère exclusif, possède un caractère addictif, l'autre devient sa drogue. Mais, comme le dit Tobie Nathan, le drogué éprouve le manque et est soulagé quand il reçoit sa dose alors que dans la passion amoureuse, on n'éprouve pas de soulagement, on veut s'incorporer l'autre, on le détruit et on se détruit. Cette passion se résume bien dans cette épitaphe des amants de Teruel : « Ni avec toi, ni sans toi. » La haine et la mort, voire la folie, habitent la passion humaine. Comme chez Tristan et Yseult, Roméo et Juliette, c'est la mort qui sauve un amour qui ne pourrait durer.

Autre épitaphe célèbre d'amants maudits : « Je m'attache ou je meurs. » C'est une allusion au lierre qui finalement étouffe l'arbre hôte. Baiser mortel.

Pourtant, la fascination qu'exercent sur nous ces histoires d'amour passionné et impossible, font écho profondément dans notre âme, car nous sommes créés pour l'amour fou. Dans la vie mystique, la passion amoureuse n'est possible que parce que Dieu s'est anéanti lui-même et que l'homme et la femme mystiques sont également morts à eux-mêmes. C'est la base de l'Évangile où il nous est demandé de haïr jusqu'à notre vie (psyché en grec) pour pouvoir nous attacher à Jésus. Autrement dit, la vie mystique est la vie chrétienne normale. Renoncer à tout et à soi-même pour aimer Dieu. Un saint est quelqu'un qui a vécu, incarné, actualisé au jour le jour son baptême, où nous sommes morts et ressuscités avec le Christ.

Alors, comment aimer Dieu, puisque nos humaines amours mettent en évidence le fait que nous ne sommes pas capables d'un total altruisme, d'un amour pur et désintéressé ?

Une seule créature en a été capable : la Vierge Marie, elle qui porté l'Amour incarné dans son sein pendant neuf mois. Si nous la prenons chez nous, en nous, elle nous infusera l'amour divin. C'est en effet la conclusion de tous les grands mystiques que seul Dieu est capable d'amour divin, qu'il s'aime lui-même dans la circulation de don et de réception dans la Trinité. L'union de Marie à la Trinité est parfaite et si elle vient en nous, nous participerons à la danse d'amour (les orthodoxes disent la périchorèse) entre les Personnes divines. Dieu s'aimera lui- même en nous, avec nous, par nous. « Dans le cœur de l'Église ma Mère, je serai l'Amour » chantait la Petite Thérèse.

LES ÉTAPES DE LA VIE MYSTIQUE

Tout parcours mystique comporte plusieurs étapes qui sont incontournables et que nous retrouvons aussi bien dans la vie des grands saints que dans leurs enseignements. L'histoire du peuple juif suit trois étapes : la promesse de la libération de l'esclavage, la traversée du désert et l'entrée dans la terre promise. Où en sommes-nous ? Que chacun s'examine et traduise dans son langage ce passage obligé.

Avons-nous quitté l'Égypte ?

L'Égypte c'est le pays de l'esclavage. Le grand esclavage ne nous est pas imposé par les autres, car nous sommes esclaves de nous-mêmes, esclaves de nos désirs et de nos passions. Cet esclavage, nous l'aimons ! Nous ne voulons pas en être délivrés et il arrivera au peuple hébreu (hébreu, veut dire être de passage) alors qu'il est dans le désert, de regretter la vie « confortable » dans l'asservissement.
Pour quitter l'Égypte, il faut tout abandonner.

Sommes-nous dans le désert ?

Le temps au désert est celui de la purification de l'amour. Le temps d'une rencontre qui nous brûle et même nous aveugle. Le temps pour briser le veau d'or de toutes nos passions idolâtres. Le temps où la Loi de Dieu se grave dans nos cœurs de pierre par son doigt de feu. C'est le temps de la foi où il est nécessaire de s'abandonner totalement à la Providence divine. Croyons-nous vraiment que Dieu nous a choisis et veut nous unir à lui ? Il n'y a pas d'amour sans une foi profonde, sans une adhésion totale à la volonté divine qui veut nous faire entrer dans le royaume pour y partager les délices du festin des noces de l'Agneau. Foi et espérance se donnent la main pour nous conduire dans le désert de cette vie, pour nous faire aimer d'une manière céleste.

Avons-nous goûté les fruits de la terre promise ?

Nous savons que nous avons goûté les fruits de la terre promise quand l'Eucharistie devient le Pain des anges et nous comble de bonheur. Quand notre cœur aime « malgré nous » et Dieu et le prochain. Quand nous voyons en tout homme, quel qu'il soit, un tabernacle du Dieu Vivant, quand nous savons que nous ne sommes rien et que Dieu est notre Tout. Quand une prière continuelle s'est installée dans notre cœur et que nous n'avons plus d'autre intérêt que de vaquer aux affaires de notre Père. Quand nous comprenons davantage avec émerveillement les choses cachées depuis la fondation du monde et que nous pénétrons les mystères de la Création et de la Rédemption. Quand nous pouvons dire : « Ce n'est plus moi qui vis, c'est le Christ qui vit en moi. » (Ga 2, 20)

Mais ne nous disons pas que nous ne sommes pas des saints et que notre chemin est ordinaire. La vie mystique est pour tous, c'est la vie chrétienne normale à condition de vouloir vraiment être chrétien et de mettre en pratique les commandements de Jésus. La sainte Vierge est là avec nous pour que l'impossible devienne possible et que nous passions par le chemin étroit qui conduit à la vie.

La première étape est le dépouillement total de nous-mêmes, la seconde est de persévérer dans la prière, la troisième est l'abandon au travail de Dieu en nous. La vie mystique, pour le dire sans détour, est une « refonte ontologique » c'est-à-dire qu'il faut que notre vie se liquéfie pour être remodelée dans une union transformante. Cela peut faire peur, voire nous effrayer – et il y a de quoi, car les purifications nécessaires à notre transformation essentielle sont un purgatoire sur terre. Mais dans une totale confiance à Marie. Nous savons qu'elle opérera notre transfiguration dans une douceur infinie. « Rien par force, tout par amour ! » était la devise de François de Sales, ce doux Docteur savait de quoi il parlait et ce qu'il devait à la Mère du Bel Amour.

GRIGNION DE MONTFORT : « DOCTEUR » DE LA VIERGE MARIE

Saint Louis-Marie Grignion de Montfort

Il est la dernière clarté du Grand Siècle des Âmes. Il est en voie d'être proclamé Docteur de l'Église. Sa cause était très bien avancée, mais le Concile Vatican II a tout stoppé, car il n'était pas opportun de remettre une couche de dévotion mariale au moment où l'Église s'ouvrait à l'œcuménisme. Cependant, sa cause est toujours ouverte. Jean-Paul II aurait pu le faire, car Grignion de Montfort était son Docteur, son Maître spirituel, celui qui l'avait formé, et le 'Traité de la Vraie Dévotion' était son livre de chevet. Les derniers mots que ce saint pape a prononcés au moment de sa mort furent : « Totus Tuus », qui était aussi la devise de saint Louis-Marie : « Tout à Jésus par Marie. » Même si nous décidons de ne pas entrer dans la dimension du culte de Marie, nous sommes quand même invités à la prendre chez nous, comme saint Jean. Nous sommes par notre foi catholique, enfantés dans le sein de Marie. Il est bon d'en prendre conscience et si possible d'avoir une coopération « active » par l'abandon, ce qui est paradoxal mais juste, à cette union qui est celle du bébé dans le sein de sa Mère, puis de l'enfant, de l'adolescent et enfin de l'adulte. Cette « nouvelle maternité de Marie », établie dans la foi, est un fruit de l'amour « nouveau » qui s'approfondit en elle définitivement au pied de la Croix, par sa participation à l'amour rédempteur du Fils.

Redemptoris Mater

« 24. Nous nous trouvons ainsi au centre même de l'accomplissement de la promesse incluse dans le protévangile : « Le lignage de la femme écrasera la tête du serpent » (cf. Gn 3, 15). De fait, par sa mort rédemptrice, Jésus Christ vainc à sa racine même le mal du péché et de la mort. Il est significatif que, s'adressant à sa Mère du haut de la Croix, il l'appelle « femme » et lui dit : « Femme, voici ton fils ». D'ailleurs, il avait aussi employé le même mot pour s'adresser à elle à Cana (cf. Jn 2, 4). Comment douter qu'ici spécialement, sur le Golgotha, cette parole n'atteigne la profondeur du mystère de Marie, en faisant ressortir la place unique qu'elle a dans toute l'économie du salut ? Comme l'enseigne le Concile, avec Marie, « la fille de Sion par excellence, après la longue attente de la promesse, s'accomplissent les temps et s'instaure l'économie nouvelle, lorsque le Fils de Dieu prit d'elle la nature humaine pour libérer l'homme du péché par les mystères de sa chair » 49.

Les paroles que Jésus prononce du haut de la Croix signifient que la maternité de sa Mère trouve un «nouveau» prolongement dans l'Église et par l'Église symbolisée et représentée par Jean. Ainsi celle qui, «pleine de grâce», a été introduite dans le mystère du Christ pour être sa Mère, c'est-à-dire la Sainte Mère de Dieu, demeure dans ce mystère par l'Église comme «la femme» que désignent le livre de la Genèse (3, 15) au commencement, et l'Apocalypse (12, 1) à la fin de l'histoire du salut. Selon le dessein éternel de la Providence, la maternité divine de Marie doit s'étendre à l'Eglise, comme le montrent les affirmations de la Tradition, pour lesquelles la maternité de Marie à l'égard de l'Eglise est le reflet et le prolongement de sa maternité à l'égard du Fils de Dieu 50. »

Tous les mystiques ont déclaré que leur voie était la plus sûre et surtout la plus rapide parce que la plus directe, même la Petite Thérèse. Mais ne les croyons pas, car pour simple que paraisse leur «méthode» c'est toute une vie qui est nécessaire pour la mettre en pratique. Le 'Secret de Marie' n'échappe pas à la règle et respecte les différentes phases que nous avons pu mettre en évidence dans nos études précédentes, à commencer par l'anéantissement, la consécration de tout notre être intérieur et extérieur pour que le Verbe se fasse chair dans une âme vidée d'elle-même… Et cela prend du temps. Seul un puissant amour peut accélérer ce processus, et Marie peut accélérer ce processus en nous dispensant des grâces spécifiques. Celui qui aime passionnément Marie, adhère plus aisément au mystère de la kénose et à la divinisation de l'âme, comme par imprégnation. Comme le dit Grignion, son âme devient notre âme, son Cœur uni au Cœur de Jésus devient notre cœur.

La pratique du saint esclavage à Marie : le secret du Père de Montfort

D'emblée le terme nous choque et semble aller à l'encontre d'un message évangélique libérateur. Disons tout de suite : la bonne nouvelle c'est que nous sommes passés de l'esclavage du péché à la liberté de l'Esprit. Saint Augustin disait «aime et fais ce que tu veux», mais justement quand on aime du véritable amour on ne fait pas, on ne fait plus ce que l'on voulait auparavant. Lanza del Vasto a écrit un essai qui s'appelle 'L'homme libre et les ânes sauvages'. Il décrivait si bien les ânes sauvages que nous sommes ! Et quoi ?

Sommes-nous libres de brouter un chardon de-ci de-là ? De n'avoir pas de but, de n'obéir qu'à une nature animale ? L'homme, au contraire, a le choix ! C'est ça la liberté : pouvoir choisir. Et il nous faut bien reconnaître que nos choix sont extrêmement limités. Mais la liberté est bien plus que cela, c'est un état intérieur indescriptible qui s'accompagne d'un sentiment d'infini, de légèreté, d'accomplissement de tout ce que nous avons toujours désiré. Même dans une prison, dans un pays où les chrétiens sont opprimés, nous pouvons faire l'expérience d'un sentiment enivrant de liberté intérieure. La véritable liberté rejoint le bonheur dans une ivresse de l'esprit. Elle n'est pas un concept, mais un état de l'âme.

Il nous faut faire un constat : tout homme vivant dans ce monde est esclave du monde, il est prisonnier du regard des autres, prisonnier de son travail, prisonnier d'une société capitaliste qui exploite nos faiblesses et nos passions, comme le dénonce le pape François. Pendant près de deux millénaires de christianisme le peuple, le petit peuple qui constituait une très grande majorité de la population était réduit en esclavage de la noblesse oisive et du clergé qui vivait de ses rentes, de ses taxes, de ses droits de passage. C'était, il faut bien le reconnaître, l'exploitation de l'homme par l'homme. Les serfs, du latin servus qui veut dire esclave, étaient exploités par le clergé et la noblesse. Jusqu'à la révolution : la liberté guidant le peuple ! Quelle illusion ! Nous nous sommes choisi d'autres tyrans et la révolution industrielle a réinventé l'esclavage... Nous n'en sommes pas sortis, nous l'avons encore amplifié par la révolution numérique où nous

« choisissons » de devenir esclaves du numérique. Choix qui n'est pas libre, car nous avons été pris au piège d'un esprit malin qui détruit tout sur son passage, à commencer par la famille : à chacun son écran, sa réalité. Et plus on communique, moins on communie. On s'isole, pour dire quoi ? Quand un adolescent envoie cinquante textos par jour, forfait illimité ! Le dieu Mammon jubile : nous sommes ses esclaves imbéciles et dociles. Une femme est assise sur la plage, elle ne voit pas la mer, elle n'entend pas le bruit des vagues qui est comme un battement du cœur, elle ne sent pas l'air marin, elle a le regard fixé sur son téléphone, elle joue à un jeu au graphisme rudimentaire. Impossible de lui adresser la parole, d'échanger des propos, impossible de lui sourire, vous n'existez pas.

Mais sortons de cette analyse sur la société contemporaine et tournons-nous vers la spiritualité et la philosophie. Pendant des siècles, les sages ont reconnu que nous étions esclaves de nos passions, esclaves de nos blessures psychologiques. Les addictions qui viennent pour compenser en vain un manque existentiel, une perte ontologique, nous tiennent dans l'esclavage… Le pire moyen de se libérer de la culpabilité, de tenter d'échapper à nos angoisses profondes, à l'impossible questionnement sur le sens de la vie et de la mort. Une conduite qui repose sur une envie répétée et irrépressible, en dépit de la motivation et des efforts du sujet pour s'y soustraire. Le sujet se livre à son addiction (par exemple : utilisation d'une drogue, ou participation à un jeu d'argent), malgré la conscience aiguë qu'il a, le plus souvent, d'abus et de perte de sa liberté d'action, ou de leur éventualité. En 1975, l'Organisation Mondiale de la Santé (OMS) définit la dépendance comme « un état psychique et parfois physique, résultant de l'interaction entre un organisme vivant et un produit, caractérisé par des réponses comportementales ou autres qui comportent toujours une compulsion à prendre le produit de façon régulière ou périodique pour ressentir ses effets psychiques et parfois éviter l'inconfort de son absence (sevrage). La tolérance peut être présente ou non. »

Les addictions à la drogue, à l'alcool, au tabac, à certains aliments comme le chocolat, aux médicaments surtout psychotropes ; les jeux vidéo ; les cyber dépendances, le jeu pathologique ; l'oniomanie (les troubles du comportement d'achats compulsifs) ; les troubles des conduites alimentaires (TCA), notamment l'anorexie et la boulimie ; les dépendances affectives et l'addiction sexuelle ; les paraphilies (perversions sexuelles) la dépendance au travail, dite workaholisme ou ergomanie ; l'addiction de la pratique sportive (bigorexie) ; la procrastination ; les automutilations ; la pyromanie ; la kleptomanie ; la trichotillomanie ; tentatives de suicide ; conduites de risque ; efforts intensifs ; collectionneurs compulsifs, maniaques de la propreté… La liste peut s'allonger…

Être esclaves de nos passions qui nous enchaînent, ou être esclaves de l'amour qui libère de tout esclavage ? Car c'est bien le but de notre consécration. Nous pouvons lire dans le témoignage de la vénérable Marie de Sainte-Thérèse, 'L'union mystique à Marie', que la Vierge au terme d'un processus, finit par s'effacer ou plutôt devient translucide aux Personnes de la Trinité. Le saint esclavage est un moyen et non une fin, mais quelle efficacité !

Alors, pourquoi avoir choisi le terme d'esclave plutôt que serviteur ? La différence est immense : le serviteur ignore ce que fait son maître, il est libre de prendre des congés, de penser ce qu'il veut et d'agir à sa guise tout en accomplissant son service, il garde son quant-à-soi. L'esclave est attaché à son maître, il doit pénétrer ses pensées pour prévenir ses besoins, il doit veiller sans cesse sur lui. Dans le monde juif, il n'était pas rare que le maître fasse de son esclave son ami. « Je ne vous appelle plus serviteurs, mais amis. » (Jn 15, 15) et qu'il lui donne sa fille en mariage. Contrairement au monde gréco-romain où l'esclave était considéré comme un objet qu'on pouvait tuer si on le voulait. Un verset du psaume 123, 2 est particulièrement éclairant : « Voici, comme les yeux des esclaves vers la main de leurs maîtres, et les yeux d'une servante vers la main de sa maîtresse, ainsi nos yeux sont levés vers le Seigneur notre Dieu, dans l'attente de sa pitié. » De ce psaume, on peut tirer deux thèmes que nous retrouvons dans l'épître aux Philippiens. La kénose, jusqu'à prendre la condition d'esclave et l'adhésion totale à la volonté du Maître. Cette attention qui est de chaque instant, qui ne se disperse pas, et l'anéantissement de soi-même : « Jésus de condition divine, n'a pas gardé comme une proie d'être l'égal de Dieu, mais il s'est anéanti prenant la condition d'esclave. » (Ph 2, 6-7) Ainsi il a fait la volonté du Père. Citons un autre psaume, sachant qu'en hébreu serviteur et esclave sont le même mot : « De grâce ! Seigneur, puisque je suis ton serviteur, ton serviteur, le fils de ta servante. Tu as dénoué mes liens. » (Ps 116,16)

Le serviteur n'est pas au-dessus de son maître et la vie mystique est le seul moyen de devenir les imitateurs de Jésus d'une manière la plus conforme possible.

Marie la première a dit : « Je suis l'esclave du Seigneur, qu'il me soit fait selon sa volonté. » (Lc 1, 38). (Le terme en grec doulé, signifie bien esclave, ce qui embarrasse nombre de traducteurs). C'est pour cela qu'une épée lui a transpercé le cœur dans la compassion rédemptrice qui libère l'humanité. Ses yeux sont toujours restés fixés sur la main de son Maître : Jésus.

Le saint esclavage à Marie n'est pas, comme on le croit souvent, une invention de Grignion de Montfort, il remonte au XIème siècle ! Et ce n'est pas par hasard. Le Haut Moyen-âge a été qualifié de *dark age*, d'âge de plomb. Du Vème au Xème s. les ténèbres sont épaisses en Occident avec, il faut le dire, des poches de lumière. L'une d'elles est saint Benoît et le pape saint Grégoire le Grand qui, moine lui-même, va donner une impulsion à l'essor du monachisme. Ce n'est donc pas étonnant que ce soit au sein du monachisme que naîtra cette pratique qui témoigne d'un très grand amour à Marie. Jusqu'alors dans le peuple la dévotion va plutôt vers le culte des reliques des martyrs et vers d'autres dévotions imprégnées de superstition. Marie va faire son apparition dans le cœur des fidèles, elle devient la Mère de tendresse et de miséricorde dont il a tant besoin. L'obsession de la mort et de l'enfer va trouver un apaisement dans le Refuge des pécheurs, même les plus grands criminels peuvent trouver refuge sous son manteau.

Boudon a été l'une des figures clé de l'École Française de spiritualité au XVIIème siècle. Un thème récurrent de son œuvre, caractéristique de l'École Française, est l'idée que la recherche de Dieu exige le détachement de toutes les créatures. Il a pour devise : « Dieu seul » ; son livre 'Dieu seul : le saint esclavage de l'admirable Mère de Dieu' a été loué par Jacques-Bénigne Bossuet (ce qui n'est pas peu dire) et a eu une influence déterminante sur Louis de Montfort. Il a été influencé par l'École du Carmel et le premier traducteur en français de saint Jean de la Croix. Le titre de son traité est éloquent et peut paraître paradoxal alors qu'il exprime le sens profond de cette pratique : l'esclavage à Marie est à mettre en perspective du Dieu seul. C'est elle qui nous conduit à cet amour exclusif, écartant tous les empêchements du monde et de la nature rebelle. Dieu seul ! Mais quel Dieu ? Un Dieu qui n'est pas seul. Marie va nous faire découvrir le vrai visage de Dieu qui n'est que relation, qui n'est que don, qui possède des attributs féminins et maternels dont la tendresse et la miséricorde. Pour beaucoup, Dieu est une idole semblable aux autres idoles. Dans l'histoire de la Révélation, nous sommes passés du polythéisme à la monolâtrie où Dieu est un tyran égoïste, jaloux et vengeur. Pourtant, le Dieu d'amour se révèle dans l'Ancien Testament particulièrement chez les prophètes. La préfiguration du visage de Marie est bien inscrite dans l'histoire d'Israël. Un des versets que nous préférons et que nous pouvons appliquer à la Vierge est : « Écoute, ma fille ! Regarde et tends l'oreille : oublie ton peuple et ta famille ; que le roi s'éprenne de ta beauté ! C'est lui ton seigneur, prosterne-toi devant lui. » (Ps 45, 11-12) Esther sauva le peuple juif par sa beauté dont le roi s'est épris. Dieu s'est épris de Marie et nous devons être séduits par sa beauté, elle qui est la Mère du Bel Amour. Il faut avoir médité longtemps sur le mystère marial et s'être épris de la Vierge pour pouvoir se faire son esclave[1].

C'est la condition sine qua non, sinon cela devient une pratique déviante, une mariolâtrie, alors que c'est un « secret » d'amour dans la vie mystique.

« Écoutez donc, dit le Saint-Esprit dans l'Ecclésiastique (6, 23-25), écoutez, mon fils, un sage conseil que je veux vous donner, et ne cessez jamais d'en faire état. Mettez-vous ses fers aux pieds et son collier au cou, et n'ayez point de difficulté à porter ses chaînes. » Ce Dieu d'amour désire que nous lui soyons attachés sans réserve ; c'est pourquoi il veut que nous en portions les marques

---

[1] il faut lire et méditer ce diamant qu'est le livre d'Alphonse de Liguori "Les gloires de Marie" (www.abbaye-saint-benoit.ch/saints/alphonsedeliguori/gloiresMarie).

aux principales parties de notre corps, afin qu'il n'y ait rien en nous qui ne soit à son service.

Boudon

« L'auteur du petit livre 'De la dévotion de l'esclavage', qui sans se nommer, fait assez connaître la grandeur de sa piété, - parlant de l'origine de cette dévotion, après avoir dit qu'elle est fondée sur l'exemple de Jésus-Christ qui, pour nous obliger à reconnaître la sainte Vierge pour notre maîtresse, a voulu lui-même se soumettre à elle, et ne nous a laissé pour mémoire de ses actions pendant les trente premières années de sa vie que ces paroles : Erat subditus illis (Lc 2, 51), il vivait pendant ce temps-là sous l'obéissance de Marie et de Joseph, - assure ensuite que cette dévotion est si ancienne, que l'on ne saurait bonnement en trouver les commencements : qu'il est constant néanmoins, que depuis plus de sept cents ans l'on en trouve des marques dans l'Église ; que saint Odilon abbé de Cluny, qui vivait il y a bien des siècles, a été un des premiers qui l'a pratiquée, s'étant offert à la sainte Vierge la corde au cou, pour être son esclave le reste de ses jours. Ainsi la France a été un des premiers royaumes qui a commencé de pratiquer une si belle dévotion. Il ajoute que les Pères Théatins au commencement de ce siècle ont étendu cette dévotion par toute l'Italie, la Sicile et la Savoie, qu'ils en ont établi de saintes associations au royaume de Naples, à Palerme dans l'église de Saint- Joseph, où les esclaves ont leur chapelle ; que l'on a vu à Turin le zèle de ces Pères triompher, lorsque Charles-Emmanuel duc de Savoie avec tous ses enfants et le cardinal Maurice ont pris solennellement ces glorieuses chaînes, donnant un merveilleux exemple à tous leurs sujets…
Notre saint Père le Pape Alexandre VII a expédié une bulle tout récemment, l'an 1658, par laquelle, outre les indulgences qu'avait accordées Urbain VIII aux esclaves de Notre Dame, il leur en donne d'autres très considérables, à l'occasion de l'association de l'esclavage, établie à Marseille chez les Pères Augustins déchaussés… » (ch 3)

La mère Agnès de Jésus, de l'ordre du glorieux patriarche saint Dominique, décéda à Langeac, le 19 d'octobre 1634, admirable en la conversation familière qu'elle a eue avec Notre-Seigneur, la très sacrée Vierge, les bons anges et particulièrement son saint ange gardien, et avec plusieurs saints et saintes du ciel ; et dans la soif insatiable qu'elle a toujours portée des souffrances, n'étant jamais rassasiée de croix, quoiqu'elle en souffrît des plus rudes, ayant été un prodige de sainteté en notre siècle, et l'une des plus illustres esclaves de la reine du ciel, environ l'âge de sept ans, elle se donna en qualité d'esclave à cette auguste souveraine, en ayant reçu un commandement exprès par une voix du ciel qui lui dit : « Rends-toi esclave de la sainte Vierge, et elle te protégera de tes ennemis, » et ce qui est bien remarquable, c'est qu'alors la dévotion de l'esclavage n'était pas connue dans le lieu où elle demeurait. Aussitôt qu'elle fut retournée à la maison de son père, elle chercha une chaîne de fer, que la Providence lui fit rencontrer incontinent selon son souhait, et elle se la mit sur la chair autour des reins pour témoignage de sa servitude. »

La liste des esclaves de Marie serait longue à établir et surtout elle ne serait pas exhaustive.

Nous voyons que cette pratique est légitime et encouragée par l'Église bien qu'elle connût une période d'éclipse à laquelle la Providence mit fin grâce à notre saint Louis-Marie Grignion de Montfort. Cette pratique fut enterrée au sens littéral du terme. La 'Vraie Dévotion' (1712-1715) n'est pas seulement l'œuvre la plus célèbre de Montfort, c'est aussi la plus pertinente par son développement spirituel et intellectuel. Elle a été publiée en au moins 400 éditions, en plus de 25 langues. La caractéristique de ce manuscrit est qu'il resta si longtemps caché. Plus de 70 ans, il resta enfoui quelque part sous la poussière et les toiles d'araignées. Durant la Révolution française, il fut caché dans un coffre et, avec quelques autres objets, enterré dans un champ.

Lorsque ces années de turbulence furent passées, il se retrouva à nouveau sur l'étagère d'une bibliothèque. Ce n'est que le 29 avril 1842 qu'il a été reconnu et identifié par les Montfortains comme une œuvre de leur fondateur. Il s'avéra alors que les premières et les dernières pages du manuscrit avaient disparu. Elles n'ont jamais été retrouvées, de sorte que personne ne connaît le titre que Montfort avait attribué à son œuvre.

Grignion de Montfort est un prophète, et nous trouvons dans son « secret » d'étonnantes prophéties sur le triomphe du Cœur Immaculé. Jésus viendra à nouveau comme il est venu la première fois dans le sein de Marie et son « secret » caché dans la terre est réapparu au moment opportun pour préparer la parousie. Il fut publié 127 ans après sa mort.

« Jésus-Christ viendra, comme toute l'Église l'attend, pour régner partout, à l'époque et de la manière dont les hommes s'attendent le moins.

À la fin des temps, plus rapidement qu'on ne le pense, Dieu suscitera de grands saints pour établir le règne de son Fils sur le monde corrompu, par le moyen de la dévotion à la Très Sainte Vierge. »

«Dans les derniers temps, le pouvoir de Marie se manifestera à tous. Elle étendra le Royaume du Christ jusque chez les mahométans. »

«Marie doit éclater, plus que jamais, en miséricorde, en force et en grâce dans les derniers temps… » (Secret de Marie)

Il annonce également la venue des Apôtres des derniers temps

"Ce seront un feu brûlant et… ce seront des flèches aiguës dans la main de la puissante Marie… Ce seront des nues tonnantes et volantes par les airs, au moindre souffle du Saint-Esprit qui, sans s'attacher à rien, ni s'étonner de rien, ni se mettre en peine de rien, répandront la pluie de la Parole de Dieu et de la vie éternelle…

Ce seront des apôtres véritables des derniers temps à qui le Seigneur des vertus donnera la parole et la force pour opérer des merveilles…

Et nous savons que ce seront de vrais disciples de Jésus-Christ qui, marchant sur les traces de sa pauvreté, humilité, mépris du monde et charité, enseignant la voie étroite de Dieu… porteront sur leurs épaules l'étendard ensanglanté de la Croix, le Crucifix dans la main droite, le chapelet dans la gauche, les sacrés noms de Jésus et de Marie sur leur cœur, la modestie et la mortification de Jésus-Christ sur leur cœur, dans toute leur conduite…

Avec le Saint-Esprit, Marie a produit la plus grande chose qui se puisse imaginer, Jésus, l'Homme-Dieu. À la fin des temps, c'est elle qui formera les grands saints, "car il n'y a que cette Vierge singulière… qui puisse produire, en union avec le Saint-Esprit, les choses singulières et extraordinaires."

"Vers la fin du monde, les plus grands saints, les âmes les plus riches en grâce et en vertus, seront les plus assidus à prier la Très Sainte Vierge et à l'avoir toujours présente comme leur parfait modèle à imiter, et leur aide puissante pour les secourir. J'ai dit que cela arriverait particulièrement à la fin du monde, et bientôt, parce que le Très-Haut avec sa Sainte Mère, doivent se former de grands saints qui surpasseront autant en sainteté la plupart des autres saints, que les cèdres du Liban surpassent les arbrisseaux… Ces âmes pleines de grâce et de

à la plus grande Gloire de Dieu, dans le temps et l'éternité.
Amen. »

Beaucoup récitent d'une manière quotidienne ou occasionnelle cet acte de consécration à la Vierge, mais l'habitude prend vite le dessus et nous ne comprenons pas ce que nous disons. Il ne s'agit pas d'un acte de dévotion, mais d'un engagement mystique dont les conséquences sont incommensurables. C'est comme si nous signions un blanc-seing, nous apposons notre signature en présence de la cour céleste, devant des milliers de témoins au bas d'une page blanche que Marie remplira selon son bon plaisir. C'est un engagement solennel et nous allons l'étudier mot à mot pour qu'il soit prononcé de tout notre cœur, de toute notre âme et de toute notre force. En sachant que Dieu nous prend au mot… nous devons bien comprendre à quoi nous nous engageons. Pour ce faire, nous nous appuierons beaucoup sur les sources bibliques qui sont les derniers mots de la Révélation et que la Tradition de l'Église explicite.

JE TE CHOISIS

Choisir c'est exercer sa liberté, être capable de choisir c'est être libre. Personne ne m'impose ce choix. Il est forcément exclusif. Il y a trois milliards et demi de femmes sur la terre, mais je vais en choisir une. Je vais donc renoncer à trois milliards et demi de femmes moins une ! Et pourquoi elle plutôt qu'une autre ? Comme le dit le Cantique des Cantiques : « Une seule est mon unique, ma parfaite » (Ct 6, 9). Si Dieu avait choisi de s'incarner même si l'homme n'avait pas péché, une seule femme sur les milliards de milliards d'autres à venir était dans son cœur pour que se réalise une alliance avec l'humanité. « Une seule est ma colombe, ma parfaite. »
« Il y a soixante reines, quatre-vingts concubines, et des jeunes filles sans nombre. Une seule est ma colombe, ma parfaite. Elle est l'unique de sa mère, la préférée de celle qui lui donna le jour. Les jeunes filles la voient, et la disent heureuse. Les reines et les concubines aussi, et elles la louent. - Qui est celle qui apparaît comme l'aurore, belle comme la lune, pure comme le soleil, mais terrible comme des troupes sous leurs bannières ? » (Ct 6, 8-10)

En l'épousant, j'épouse le choix de Dieu. C'est un choix d'alliance que j'accepte en toute liberté, au moment où je suis prêt. En l'épousant j'épouse le choix de Dieu, j'unis ma volonté à la sienne. Il est important, spécialement dans notre culture post-moderne de comprendre en quoi consiste la liberté.

Qu'est-ce que la liberté ?

Voilà un sujet de dissertation pour classe de philosophie. L'étudiant aura soin de montrer que c'est un concept qui remonte à la Grèce antique et dont le contenu a varié selon les époques et les auteurs, mais que fondamentalement il désigne une démarche intérieure qui vise à se détacher de ce qui engendre des liens. Avec les Grecs, nous ne sommes pas loin de la sagesse extrême-orientale pour qui les passions sont source de souffrance et donc d'aliénation. La liberté sera le fruit du détachement, détachement qui peut aller jusqu'à la négation de la réalité, perçue comme une illusion source de tous les maux. Mais tel n'est pas le chemin de l'Incarnation !

Rappelons-le, la révélation biblique part toujours du concret, et d'une certaine manière ne s'en affranchit jamais pour s'élever dans le plan divin. C'est donc en vain que nous chercherions le mot liberté dans l'Ancien Testament. Ce mot qui nous est si cher aujourd'hui (liberté chérie !) est absent de la mentalité biblique. Nous pourrions dire que les Hébreux ne se posaient même pas la question d'une liberté intérieure, tant elle devait être une évidence. Pour eux, il y a l'esclave et l'homme libre ou encore l'affranchi. Ces statuts sociaux serviront de métaphore, essentiellement dans le Nouveau Testament, quand il s'agira de parler d'un état spirituel et non pas d'un état mental comme les philosophies grecques ou orientales.

La Loi, en bonne éducatrice, enseignera que tout homme est voué à l'affranchissement. Israël a fait l'expérience de l'esclavage en Égypte et ne reproduira jamais dans son organisation sociale une telle condition avilissante. Pourtant on acceptera une forme d'esclavage qu'il faudrait plutôt qualifier de service obligatoire. L'hébreu ne fait pas la différence entre 'serviteur' et 'esclave'. On retrouvera la même chose dans le Nouveau Testament, car l'institution sociale n'avait pas changé. Ainsi peut-on traduire le premier verset du Magnificat par :

« Me voici l'humble servante du Seigneur » ou « Me voici l'humble esclave du Seigneur. » Cette institution est née avec la tarification des peines. Le législateur estimait qu'une personne avait telle valeur, qu'un œil ou une dent valait tant. D'où l'erreur que l'on fait quand on parle de la loi du talion : œil pour œil dent pour dent. D'une part parce que dans les autres cultures c'était deux yeux pour un œil et d'autre part parce que pour un œil on devait payer une certaine somme en

dédommagement. Quand quelqu'un n'était plus solvable, il devait payer de sa personne et devenait « esclave ». Nous en trouvons des exemples dans les paraboles de Jésus. Il nous faut cependant comprendre que la Loi ne tolérait pas une aliénation définitive à une autre personne. Il existait des amnisties tous les sept ans ainsi que pour les années jubilaires afin que tout homme célèbre Dieu en famille. Et pour cela, il devait aussi pouvoir récupérer les biens que son imprudence, sa maladresse, son péché lui avaient fait perdre. On voit ainsi se profiler une justice sociale qui peut paraître injuste envers les possédants, mais qui met en avant la dignité de l'homme et son statut d'homme libre devant Dieu : « Et vous sanctifierez la cinquantième année, vous publierez la liberté dans le pays pour tous ses habitants, ce sera pour vous le jubilé, chacun de vous retournera dans sa propriété, et chacun de vous retournera dans sa famille. (Lv 25, 10)

Non sommes loin du monde antique où comme à Athènes et à Rome le maître a droit de vie et de mort sur sa maison. Au contraire, si un maître lèse son esclave, ce n'est plus 'œil pour œil et dent pour dent', c'est la liberté c'est-à-dire le prix de la personne tout entière pour un dommage : « Si un homme frappe l'œil de son esclave, homme ou femme, et qu'il lui fasse perdre l'œil, il le mettra en liberté, pour prix de son œil. Et s'il fait tomber une dent à son esclave, homme ou femme, il le mettra en liberté, pour prix de sa dent. » (Ex 21, 26-27)

Pour une spiritualité jubilaire

Mais la Loi a besoin de s'accomplir afin de mener à terme l'éducation du peuple de Dieu. La grande prophétie d'Isaïe, que Jésus reprendra à son compte dans la synagogue de Nazareth, nous apprend que par le Messie l'année de grâce sera étendue à tous les temps messianiques : « L'Esprit du Seigneur est sur moi, car le Seigneur m'a oint pour porter de bonnes nouvelles aux malheureux. Il m'a envoyé pour guérir ceux qui ont le cœur brisé, pour proclamer aux captifs la liberté et aux prisonniers la délivrance. » (Is 61, 1)

Il nous faut comprendre que la portée d'une telle déclaration est proprement révolutionnaire, car elle bouleverse l'ordre social. Le règne du Christ abolit l'esclavage et proclame un message de délivrance pour tous, à commencer par les plus pauvres, par ceux qui ont le cœur brisé. Le Magnificat s'inscrit dans cette même « théologie de la libération ». En effet il est préférable de parler de libération que de liberté, concept qui a fait verser tant de sang. Seul Dieu par son Christ nous donne la liberté. Comme autrefois en faisant sortir son peuple d'Égypte, il nous libère. Et ce qui est important ce n'est pas tant d'être soustrait à l'esclavage que de faire l'apprentissage de la liberté, d'entrer dans un processus que de se fixer dans un état.

Le grand esclavage est celui du péché et nous savons bien que ce n'est pas parce que nous sommes pardonnés que nous ne sommes plus pécheurs. C'est en entrant dans le processus de sanctification que nous laissons l'Esprit nous libérer en permanence.

Avec la Pentecôte, chaque croyant entre dans la liberté glorieuse des enfants de Dieu. Cette liberté qu'il lui faut préserver en ne retournant pas aux anciens esclavages.

Nous pourrions conclure que nous ne sommes pas libres de quelque chose, libres de faire ce que nous voulons, libres des tabous comme le voudrait l'homme moderne, nous sommes libres dans la présence de Dieu, dans l'effusion de son Esprit : « Or, le Seigneur c'est l'Esprit, et là où est l'Esprit du Seigneur, là est la liberté. » (2Co 3, 17)

En choisissant Marie, en qualité d'esclaves, nous accédons paradoxalement à la plus grande liberté qui soit, parce qu'en elle réside une plénitude de l'Esprit. En revanche, nous renonçons à tout ce qui n'est pas elle. Et 'qui est-elle, celle qui monte du désert' ? Tout ce que nous allons lui donner, ce sera d'une manière libre. C'est pourquoi cela prend généralement beaucoup de temps, parce que nous nous réservons toujours quelque chose, une part de liberté dans tel et tel domaine qui n'est pas Elle. Les grands mystiques parlent d'un anéantissement total pour faire le vide parfait et Dieu pourra créer à partir de ce néant. Nous pouvons nous reprendre et comme nous le disions quand nous étions enfants : donner c'est donner, reprendre c'est voler. Mais là encore, nous sommes scandaleusement libres de nous reprendre et de remettre à plus tard la naissance de Dieu dans l'âme, selon l'expression de Maître Eckhart. Marie par son Immaculée Conception, était totalement vide d'elle-même, elle a donc pu se donner totalement, entièrement pour que le Verbe se fasse chair en elle. Et c'est ce qu'elle désire pour nous, que le Verbe se fasse chair dans notre âme.

Je choisis parce que j'ai été choisi.

AUJOURD'HUI

Considérons que chaque jour est une vie à part entière. Vivons intensément le présent. Dans ce jour que nous vivons sont contenus notre passé et notre avenir. Le moment présent est à la fois le regret de nos fautes passées, la célébration de notre réconciliation, le souvenir efficace de toutes les grâces reçues, le bonheur d'être vivant en présence de Dieu et une anticipation par la foi et l'espérance du bonheur à venir. Comme le chante Thérèse : « Je n'ai rien qu'aujourd'hui. » Aujourd'hui est le jour de l'avènement du Seigneur entre son premier avènement et son dernier avènement dans la Gloire.

La présence au présent nous fait présents de la Présence. Nous avons perdu aujourd'hui le sens du temps.

Ô MARIE

Le saint Nom de Marie

« Jusques à quand tourneras-tu dans tous les sens, fille rebelle ? L'Éternel va créer du nouveau sur la terre : maintenant, c'est la femme qui entourera l'homme. » (Jr 31, 22)

« Oui, ô Marie ! votre nom sublime et admirable est sorti du trésor de la Divinité ; car c'est la Sainte Trinité tout entière qui vous a donné ce nom au-dessus de tous les noms après celui de votre divin Fils, et qui l'a enrichi de tant de majesté et de puissance, qu'il faut que, par respect pour ce saint nom, dès

qu'il est prononcé, tout genou fléchisse dans le ciel, sur la terre et aux enfers. »
(Richard de Saint- Laurent)

« C'est une huile qui coule ton nom, c'est pourquoi les âmes nubiles t'aiment »
dit Le Cantique des Cantiques (1, 3). Prononcer le nom de Marie est d'une
douceur ineffable. C'est comme une huile parfumée aux vertus sans nombre,
elle adoucit, elle assouplit, elle renforce, elle enivre l'âme. La tradition juive dit
que l'odorat elle le seul des cinq sens qui n'ait pas été corrompu par le péché et
le Cantique des Cantiques se termine par ces mots qui pourraient paraître
étranges à qui ne connaît pas la Vierge : « Fuis sur la colline des parfums ! » La
Vierge se manifeste de plus en plus par des parfums qui coulent d'une statue ou
d'une icône. Sachons comprendre ce qu'elle veut nous dire par ces signes, par
cette bonne odeur qui, lorsque nous la respirons, nous pénètre jusqu'à l'âme.
Ce phénomène se produit chez un de nos amis stigmatisé dont nous gardons
l'anonymat, qui appelle Marie 'le lys au milieu des épines'. Parfois quand il vit
la Passion, des mots de sang s'inscrivent sur ses linges.
Le seul phénomène extraordinaire que nous sommes en droit d'attendre c'est la
naissance de Dieu dans nos âmes, en étant enfantés dans le sein de Marie. Mais
il faut aussi comprendre que nous vivons dans une époque où particulièrement
les jeunes qui fuient l'Église ont besoin d'être séduits par Marie. Alors que le
prince du mensonge séduit une quantité impressionnante de personnes, le terme
de séducteur ne doit pas lui être réservé. Séduire (se-ducare) signifie
littéralement conduire à soi. Marie nous séduit, elle nous conduit à elle pour
nous conduire à Dieu. Le Père lui-même s'est laissé séduire par sa beauté. Les
séductions du diable sont devant nos yeux et nous les acceptons avec plaisir par
la consommation et les addictions numériques. Il nous vole notre temps par la
TV, les téléphones portables et les jeux vidéo, ce temps que nous pourrions
consacrer à la lecture de bons ouvrages, à la méditation et à la prière.

L'important n'est pas de courir d'un lieu d'apparition à un autre, de visiter telle
Vierge qui pleure du sang ou telle image qui suinte de l'huile, l'important est
que nous nous décidions, tout de suite, à vivre un engagement profond, une
prière constante, une conversion en prenant Marie en nous dans le secret et le
silence.

Mais revenons avec saint Bernard sur le nom de Marie.
« Marie est la noble étoile, dont les rayons illuminent le monde entier, dont la
splendeur brille dans les cieux et pénètre les enfers. Elle illumine le monde et

échauffe les âmes. Elle enflamme les vertus et consume les vices. Elle brille par ses mérites et éclaire par ses exemples. O toi, qui que tu sois, qui te sais vacillant sur les flots de ce monde parmi les bourrasques et les tempêtes plutôt que faisant

route sur la terre ferme, ne détourne pas les yeux de l'éclat de cet astre si tu ne veux pas te noyer durant les bourrasques.

Si surgissent en toi les vents des tentations, si tu navigues parmi les écueils des épreuves, regarde l'étoile, appelle Marie.

Si tu es ballotté sur les vagues de l'insolence et de l'ambition, du dénigrement ou de la jalousie, regarde l'étoile, appelle Marie.

Si la colère, l'avarice ou les désirs de la chair secouent l'esquif de ton âme, regarde vers Marie.

Si, troublé par la démesure de tes crimes, confus par l'infection de ta conscience, terrifié par l'horreur du jugement, tu commences à sombrer dans le gouffre de la tristesse, l'abîme du désespoir, pense à Marie.

Dans les dangers, les angoisses, les incertitudes, pense à Marie, appelle Marie. Qu'elle ne s'éloigne pas de ton cœur.

Et pour être sûr d'obtenir le suffrage de ses prières, ne néglige pas l'exemple de sa vie.

En la suivant, tu ne t'égares pas ; en la priant tu ne désespères pas ; elle te tient, tu ne t'écroules pas ; elle te protège, tu ne crains pas ; elle te guide, tu ne te lasses pas ; elle te favorise, tu aboutis.

Ainsi par ta propre expérience tu sais à quel point se justifie la parole : "Et le nom de la Vierge était Marie." » (Saint Bernard)

Litanies du Saint Nom de Marie

Seigneur, ayez pitié. Christ, ayez pitié. Seigneur, ayez pitié. Fils de Marie, écoutez-nous. Fils de Marie, exaucez-nous. Père céleste, dont Marie est la fille, ayez pitié de nous.

Verbe éternel, dont Marie est la Mère, ayez pitié de nous. Saint-Esprit, dont Marie est l'épouse, ayez pitié de nous. Trinité divine, dont Marie est la Servante, ayez pitié de nous. Mère du Dieu vivant, priez pour nous

Marie, fille de la Lumière éternelle, priez pour nous Marie, notre lumière, priez pour nous

Marie, notre sœur, priez pour nous Marie, fleur de Jessé, priez pour nous

Marie, la question des rois, priez pour nous Marie, la bien-aimée de Dieu, priez pour nous Marie, Vierge immaculée, priez pour nous Marie, très juste, priez pour nous

Marie, lumière dans les ténèbres, priez pour nous Marie, notre repos sûr, priez pour nous

Marie, maison de Dieu, priez pour nous Marie, sanctuaire du Seigneur, priez pour nous Marie, autel de la divinité, priez pour nous Marie, Vierge mère, priez pour nous

Marie, qui englobez Dieu votre enfant, priez pour nous Marie, qui reposez avec la Sagesse éternelle, priez pour nous Marie, océan d'amertume, priez pour nous Marie, étoile de la mer, priez pour nous

Marie, qui avez souffert avec votre Fils unique, priez pour nous Marie, percée par une épée de douleur, priez pour nous

Marie, déchirée par une cruelle blessure, priez pour nous Marie, triste jusqu'à la mort, priez pour nous

Marie, privée de toute consolation, priez pour nous Marie, soumise à la loi de Dieu, priez pour nous

Marie, debout près de la Croix de Jésus, priez pour nous Marie, Notre-Dame, priez pour nous

Marie, notre reine, priez pour nous Marie, reine de la gloire, priez pour nous

Marie, gloire de l'Eglise triomphante, priez pour nous Marie, bienheureuse reine, priez pour nous

Marie, avocate de l'Eglise militante, priez pour nous Marie, reine de miséricorde, priez pour nous

Marie, consolatrice de l'Eglise souffrante, priez pour nous Marie, au-dessus des anges, priez pour nous

Marie, couronnée de douze étoiles, priez pour nous Marie, brillante comme le soleil, priez pour nous Marie, distinguée au-dessus de tout, priez pour nous

Marie, assise à la droite de Jésus, priez pour nous Marie, notre espoir, priez pour nous

Marie, notre douceur, priez pour nous Marie, gloire de Jérusalem, priez pour nous Marie, joie d'Israël, priez pour nous

Marie, honneur de notre peuple, priez pour nous Agneau de Dieu, qui enlèves les péchés du monde, aie pitié de nous, Seigneur Jésus.
Agneau de Dieu, qui enlèves les péchés du monde, aie pitié... Agneau de Dieu, qui enlèves les péchés du monde, aie pitié... Fils de Marie, écoute-nous.
Fils de Marie, exauce-nous.

Prions
O Dieu tout-puissant, qui bénis tes serviteurs sincèrement désireux de se placer à l'ombre du nom et de la protection de la Très Sainte Vierge Marie, nous vous en supplions, que par son intercession, nous soyons délivrés de tout mal sur la terre et sûrs d'arriver aux joies éternelles dans le ciel, par Jésus-Christ Notre Seigneur. Amen.

Myriam

« Et le nom de la Vierge était Marie. » Pour Bernard comme pour tous les auteurs du Moyen-âge l'étymologie de Marie est « Etoile de la Mer - Stella Maris », ce qui est peu probable bien que cette hymne remonte au IXème siècle.
On y trouve le célèbre anagramme ou EVA devient AVE.
Salut, étoile de la mer Mère nourricière de Dieu Et toujours vierge, Bienheureuse porte du ciel
En recevant cet ave
De la bouche de Gabriel
Et en changeant le nom d'Ève Établis-nous dans la paix
Enlève leurs liens aux coupables Donne la lumière aux aveugles Chasse nos maux
Réclame-(nous) tous (ces) biens

Montre-toi notre mère
Qu'il accueille par toi nos prières Celui qui, né pour nous,
Voulut être ton Fils
Vierge sans égale, Douce entre tous,
Quand nous serons libérés de nos fautes Rends-nous doux et chastes
Accorde-nous une vie innocente Rends sûr notre chemin
Pour que, voyant Jésus,
Nous nous réjouissions éternellement

Louange à Dieu le Père, Gloire au Christ Roi
Et à l'Esprit saint,
À la Trinité entière un seul hommage. Amen.

Lorsque le nom de Myriam apparaît pour la première fois dans la Bible, il s'agit de la sœur de Moïse. Il est probable que c'est un nom égyptien qui signifie
« aimée d'un dieu ». Ce nom sera ensuite hébraïsé et araméanisé. Ce qui est certain c'est que yam en hébreu signifie : la mer. Quant au préfixe myr ou mar qui donnera Maria en latin et donc Marie, sa signification est incertaine et on peut hésiter entre plusieurs traductions. « Perle de la mer », ce qui est très beau, un joyau caché qu'il faut chercher au cœur de l'huître fermée. Meïr signifie aussi lumière, « Lumière de mer » serait à l'origine de Stella Maris, l'étoile qui guide les marins pendant la nuit et les conduit à bon port. Myr et mar désigneraient la myrrhe comme plante à encens, très parfumée et très amère. À cette dernière étymologie va notre préférence, car la Vierge est un océan de parfum et d'amères douleurs.

Dans tous les cas, Marie est un nom suave à prononcer, et quand on le redit dans son cœur comme un chant d'amour, on éprouve une belle onction de l'Esprit.

Dans West Side Story, Léonard Bernstein a composé un chant d'amour humain d'une grande beauté et qui peut s'appliquer à notre amour surnaturel pour Marie[2]

Paroles et traduction de « Maria »

The most beautiful sound I ever heard :
Le plus beau son que j'aie jamais entendu :
Maria, Maria, Maria, Maria. Maria, Maria, Maria, Maria.
All the beautiful sounds of the world in a single word :
Tous les plus beaux sons du monde en un seul mot : Maria, Maria, Maria, Maria, Maria, Maria.
Maria, Maria, Maria, Maria.
Maria, I've just met a girl named Maria,
Maria, je viens juste de rencontrer une fille qui s'appelle Maria.
And suddenly the name will never be the same to me.

---

[2] : https://www.youtube.com/watch?v=VpdB6CN7jww

Et tout à coup, ce nom ne sera plus jamais le même pour moi.
Maria ! I've just kissed a girl named Maria.
Maria ! Je viens juste d'embrasser une fille qui s'appelle Maria.
And suddenly I've found how wonderful a sound can be.
Et tout à coup, j'ai découvert combien un son peut être magnifique.
Maria, say it loud and there's music playing.
Maria, dites le fort et c'est une musique qui se joue.
Say it soft and it's almost like praying,
Dites-le doucement et c'est presque comme une prière.
Maria, I never stop saying : "Maria ! "
Maria, je n'arrêterai jamais de dire : "Maria ! "

EN PRÉSENCE DE TOUTE LA COUR CÉLESTE

« J'eus ensuite une vision. Voici : une porte était ouverte au ciel, et la voix que j'avais naguère entendue me parler comme une trompette me dit : Monte ici, que je te montre ce qui doit arriver par la suite.
A l'instant, je tombai en extase. Voici, un trône était dressé dans le ciel, et, siégeant sur le trône, Quelqu'un… » (Ap 4, 1-2)

POUR MA MÈRE

C'est au Concile d'Éphèse, en 431, que cent cinquante évêques d'Orient et d'Occident consacrent la reconnaissance par l'Église de la maternité divine de Marie. Ce concile mettait fin à de nombreuses querelles qui étaient avant tout d'ordre christologique. Pour les uns Marie était la mère de l'humanité de Jésus, pour d'autres il était impossible que Dieu naisse d'une femme. La question était donc de la plus haute importance, car elle concernait l'Incarnation du Verbe qui est au cœur de la Révélation chrétienne. La proclamation de Marie Théotokos, c'est-à-dire Mère de Dieu, fut une grande victoire et c'est le titre le plus haut qui lui est décerné et sous lequel nous devons l'honorer. La meilleure manière de l'honorer est de le pénétrer, de s'en pénétrer et d'en vivre. Il est aussi le plus mystique et donc le plus incompréhensible à la seule raison. « Mystique » vient du mot grec myst qui signifie « muet », silence. La vie mystique conduit à ce qui ne peut plus s'exprimer par des mots. L'Orient appelle Marie « bouche silencieuse des apôtres ». La Mère du Verbe, de la Parole, ne prononce pas de paroles. Elle habite le plus haut mystère auquel elle nous conduit. Heureusement que la parole poétique vient au secours du langage théologique pour exprimer l'inexprimable par des formules sublimes : Elle est la porteuse de Celui qui porte tout. Mère de Dieu, elle est la mère du Créateur. Elle est la sœur de son Fils, elle est la fille du Père, l'épouse de l'Esprit. L'intelligence reste confuse, mais le cœur et l'âme sont aspirés vers le mystère des mystères. Nous voyons que nous sommes plus invités à une expérience qu'à une réflexion. Le premier paradoxe est que notre Mère est Vierge et qu'elle est une épouse inépousée. Il n'est pas de chant plus sublime et plus riche sur le plan de la théologie mariale que l'Hymne acathiste :

« Un ange, parmi ceux qui se tiennent devant la Gloire du Seigneur, fut envoyé dire à la Mère de Dieu : « Réjouis-toi ! Il incline les cieux et descend, Celui qui vient demeurer en toi dans toute sa plénitude. Je le vois dans ton sein prendre chair à ma salutation ! ». Avec allégresse, l'ange l'acclame :

Réjouis-toi en qui resplendit la joie du salut Réjouis-toi en qui s'éteint la sombre malédiction Réjouis-toi en qui Adam est relevé de sa chute Réjouis-toi en qui Ève est libérée de ses larmes
Réjouis-toi montagne dont la hauteur dépasse la pensée des hommes Réjouis-toi abîme à la profondeur insondable même aux anges Réjouis-toi tu deviens le trône du Roi
Réjouis-toi tu portes en ton sein Celui qui porte tout Réjouis-toi étoile qui annonce le lever du Soleil
Réjouis-toi tu accueilles en ta chair ton Enfant et ton Dieu Réjouis-toi tu es la première de la création nouvelle Réjouis-toi en toi nous adorons l'Artisan de l'univers Réjouis-toi Épouse inépousée !

La Toute-Sainte répondit à l'ange Gabriel avec confiance : « Voilà une parole inattendue, qui paraît incompréhensible à mon âme, car tu m'annonces que je vais enfanter, moi qui suis vierge. » Alléluia, alléluia, alléluia ! Pour comprendre ce mystère qui dépasse toute connaissance, la Vierge dit au Serviteur de Dieu :

« Comment, dis-moi, me sera-t-il possible de donner naissance à un fils alors que je ne connais pas d'homme ? » Plein de respect, l'ange l'acclame :

Réjouis-toi tu nous ouvres au secret du dessein de Dieu Réjouis-toi tu nous mènes à la confiance dans le silence Réjouis-toi tu es la première des merveilles du Christ Sauveur Réjouis-toi tu récapitules la richesse de sa Parole
Réjouis-toi échelle en qui Dieu descend sur la terre Réjouis-toi pont qui unit la terre au ciel
Réjouis-toi merveille inépuisable pour les anges Réjouis-roi blessure inguérissable pour l'adversaire Réjouis-roi ineffable Mère de la Lumière
Réjouis-toi tu as gardé en ton cœur le Mystère Réjouis-toi en qui est dépassé le savoir des savants Réjouis-toi en qui est illuminée la foi des croyants Réjouis-toi Épouse inépousée !

La puissance du Très-Haut reposa sur l'Inépousée et comme un jardin au beau fruit, elle porta le Salut pour tous ceux qui désirent le cueillir. Alléluia, alléluia, alléluia ! Portant le Seigneur dans son sein, Marie partit en hâte chez Élisabeth. Lorsqu'il reconnut la salutation de Marie, l'enfant se réjouit aussitôt, bondissant d'allégresse comme pour chanter à la Mère de Dieu :

Réjouis-toi jeune pousse au Bourgeon immortel

Réjouis-toi jardin au Fruit qui donne vie
Réjouis-toi en qui a germé le Seigneur notre Ami Réjouis-toi tu as conçu le Semeur de notre vie
Réjouis-toi champ où germe la Miséricorde en abondance Réjouis-toi table qui offre la réconciliation en plénitude Réjouis-toi tu prépares l'espérance du peuple en marche Réjouis-toi tu fais jaillir la Nourriture d'éternité
Réjouis-roi parfum d'une offrande qui plaît à Dieu Réjouis-toi en qui tout l'univers est réconcilié
Réjouis-toi lieu de la bienveillance de Dieu pour les pécheurs Réjouis-toi notre assurance auprès de Dieu
Réjouis-toi Épouse inépousée !

Joseph le Sage se troubla, secoué par une tempête de pensées contradictoires. Il te vit inépousée et te soupçonna d'un amour caché, toi l'irréprochable. Mais, apprenant que ce qui avait été engendré en toi venait de l'Esprit-Saint, il s'écria : Alléluia, alléluia, alléluia ! Quand les bergers entendirent les anges chanter la venue du Christ en notre chair, ils ont couru contempler leur Pasteur reposant sur le sein de Marie en Agneau Immaculé. Ils exultèrent en chantant :

Réjouis-toi mère de l'Agneau et du Pasteur Réjouis-toi maison des brebis rassemblées Réjouis-toi protection contre le loup qui disperse
Réjouis-toi en ta chair s'ouvre la Porte qui conduit au Père Réjouis-toi en qui les cieux se réjouissent avec la terre Réjouis-toi en qui la terre exulte avec les cieux
Réjouis-toi tu donnes l'assurance à la parole des Apôtres Réjouis-toi tu donnes la force au témoignage des Martyrs Réjouis-toi inébranlable soutien de notre foi
Réjouis-toi tu sais la splendeur de la grâce Réjouis-toi en qui l'enfer est dépouillé
Réjouis-toi en qui nous sommes revêtus de gloire Réjouis-toi Épouse inépousée !

Les Mages ont vu l'astre qui conduit à Dieu. Marchant à sa clarté comme on saisit un flambeau, ils ont trouvé la Lumière véritable. Tout proches de Celui que personne n'a jamais vu, ils acclament sa Mère : Alléluia, alléluia, alléluia ! Ceux qui savent lire les signes des astres ont reconnu dans les bras de la Vierge le Créateur des hommes ; dans les traits de Celui qui a pris condition d'esclave, ils ont adoré leur Maître. Avec empressement ils l'honorèrent de leurs présents en chantant à la Toute-Bénie :

Réjouis-toi mère de l'Astre sans déclin Réjouis-toi reflet de la clarté de Dieu
Réjouis-toi en qui s'éteint la brûlure du mensonge
Réjouis-toi en qui s'illumine pour nous la Trinité d'Amour Réjouis-toi en qui l'inhumaine puissance est défaite
Réjouis-toi tu nous montres le Christ Seigneur Ami des hommes Réjouis-toi en qui les idoles païennes sont renversées
Réjouis-toi tu nous donnes d'être libérés des œuvres mauvaises

Réjouis-toi en qui s'éteint l'idolâtrie du feu païen
Réjouis-toi en qui nous sommes affranchis du feu des passions Réjouis-toi tu conduis les croyants vers le Christ Sagesse Réjouis-toi allégresse de toutes les générations
Réjouis-toi Épouse inépousée !

Les Mages s'en retournèrent à Babylone en témoins, porteurs de Dieu. Là, ils annoncèrent la Bonne Nouvelle et accomplirent les Écritures en te proclamant devant tous comme Messie. Hérode resta seul, livré à sa sottise, incapable d'entrer dans la louange : Alléluia, alléluia, alléluia ! Ô Sauveur, tu as porté en Égypte l'éclat de la vérité et tu en as chassé les ténèbres du mensonge. Les idoles du pays de l'esclavage se sont placées sous ta puissance et ceux que tu as ainsi délivrés du péché se tournent vers la Mère de Dieu pour lui chanter :

Réjouis-toi en qui l'homme est relevé Réjouis-toi en qui les démons sont défaits
Réjouis-toi tu foules au pied le maître du mensonge Réjouis-toi tu démasques le piège des idoles
Réjouis-toi mer où trouve sa perte le Pharaon qui se tient dans l'esclavage du péché
Réjouis-toi rocher d'où jaillit la Source qui abreuve les assoiffés Réjouis-toi colonne du Feu qui illumine notre marche dans la nuit
Réjouis-toi manteau aussi vaste que la Nuée pour ceux qui sont sans recours
Réjouis-toi tu portes le vrai Pain du ciel qui remplace la manne
Réjouis-toi servante du festin où nous avons part aux réalités du ciel Réjouis-toi belle terre de la foi où s'accomplit la Promesse
Réjouis-toi pays ruisselant de lait et de miel Réjouis-toi Épouse inépousée !

Lorsque Siméon fut au seuil de la mort, Seigneur, tu lui fus présenté comme un enfant, mais il reconnut en toi la perfection de la Divinité. Plein d'admiration pour ton Être qui n'a pas de fin, il chanta : Alléluia, alléluia, alléluia ! Le Créateur a fait une Œuvre Nouvelle lorsqu'il se rendit visible à nos yeux. Il a pris chair dans le sein d'une vierge en la gardant dans son intégrité, pour qu'à la vue de cette merveille nous chantions :

Réjouis-toi fleur de l'Être inaltérable de Dieu Réjouis-toi couronne de son amour virginal
Réjouis-toi figure qui resplendit de la Résurrection du Seigneur Réjouis-toi tu partages avec les anges la clarté du Royaume Réjouis-toi arbre dont le Fruit splendide nourrit les croyants
Réjouis-toi feuillage dont l'ombre procure la fraîcheur aux multitudes Réjouis-toi tu enfantes la rançon des captifs
Réjouis-toi tu portes dans ta chair le Guide des égarés Réjouis-toi notre avocate auprès du Juge juste et bon Réjouis-toi en qui arrive le pardon pour la multitude

Réjouis-toi tunique d'espérance pour ceux qui sont nus Réjouis-toi amour plus fort que tout désir
Réjouis-toi Épouse inépousée !

Quand nous contemplons cet enfantement inhabituel, nous devenons étrangers à notre monde habituel et notre esprit se tourne vers les réalités d'en haut. Car le Très-Haut s'est révélé aux hommes dans l'abaissement pour élever ceux qui croient en lui. Alléluia, alléluia, alléluia ! Le Verbe que rien ne contient a pris chair dans notre condition humaine sans cesser d'être Dieu. En venant habiter le monde d'en bas, il n'a pas quitté pour autant les réalités d'en haut, mais il est descendu tout entier dans le sein d'une Vierge qu'il a habitée de sa divinité :

Réjouis-toi temple du Dieu de toute immensité
Réjouis-toi porche du Mystère enfoui depuis les siècles Réjouis-toi incroyable nouvelle pour les incroyants Réjouis-toi bonne nouvelle pour les croyants
Réjouis-toi vaisseau choisi où vient à nous Celui qui surpasse les Chérubins
Réjouis-toi demeure très sainte de Celui qui siège au-dessus des Séraphins
Réjouis-toi en qui les contraires sont conduits vers l'Unité
Réjouis-toi en qui se joignent la virginité et la maternité Réjouis-toi en qui la transgression reçoit le pardon Réjouis-toi en qui le Paradis s'ouvre à nouveau
Réjouis-toi clef du Royaume du Christ Réjouis-toi espérance des biens éternels
Réjouis-toi Épouse inépousée !

Tous les anges du ciel ont été frappés de stupeur devant la prodigieuse œuvre de ton Incarnation, Seigneur, car toi le Dieu que nul n'a jamais vu, tu t'es rendu visible à tous et tu as demeuré parmi nous. Tous nous t'acclamons : Alléluia, alléluia, alléluia ! Devant toi, ô Mère de Dieu, les orateurs bavards sont muets comme des poissons, incapables de dire comment tu as pu enfanter et demeurer vierge. Remplis d'étonnement, nous contemplons en toi le Mystère de la Foi :

Réjouis-toi trône de la sagesse éternelle
Réjouis-toi écrin du dessein bienveillant de Dieu
Réjouis-toi tu conduis les philosophes aux limites de leur sagesse Réjouis-toi tu mènes les savants aux frontières du raisonnement Réjouis-toi devant qui les esprits subtils deviennent hésitants Réjouis-toi devant qui les littérateurs perdent leurs mots

Réjouis-toi devant qui se défont les raisonnements les plus serrés Réjouis-toi, car tu montres Celui dont la Parole agit avec puissance Réjouis-toi en qui nous sommes tirés de l'abîme de l'ignorance Réjouis-toi en qui nous accédons à la plénitude du Mystère de Dieu Réjouis-toi planche de salut pour ceux qui aspirent à la pleine vie

Réjouis-toi hâvre de paix pour ceux qui se débattent dans les remous de leur vie

Réjouis-toi Épouse inépousée !

Dans sa volonté de sauver toute sa création, le Créateur de l'univers a choisi d'y venir lui-même. Pour refaire en nous son image à sa ressemblance divine, il est devenu l'Agneau, lui notre Dieu et notre Pasteur. Alléluia, alléluia, alléluia ! En toi Vierge Marie, Mère de Dieu, trouvent refuge ceux qui ont fait choix de virginité et qui se tournent vers toi. Car le Créateur du ciel et de la terre t'a façonnée, ô Immaculée, en venant demeurer dans ton sein. Tous, il nous apprend à t'acclamer :

Réjouis-toi mémorial de la virginité Réjouis-toi porte du Salut

Réjouis-toi premier fruit du Royaume nouveau

Réjouis-toi en qui resplendit la merveille du don gratuit Réjouis-toi en qui sont régénérés les esprits accablés Réjouis-toi en qui sont fortifiés ceux que leur passé a blessés

Réjouis-toi car tu enfantes Celui qui nous délivre du Séducteur Réjouis-toi car tu nous donnes la Source de la chasteté

Réjouis-toi chambre nuptiale où Dieu épouse notre humanité Réjouis-toi tu confies au Dieu d'amour ceux qui se donnent à lui

Réjouis-toi nourriture du Seigneur pour ceux qui ont pris le chemin de virginité

Réjouis-toi tu conduis les croyants à l'intimité avec l'Époux

Réjouis-toi Épouse inépousée !

Toutes nos hymnes de louange sont impuissantes à chanter, Seigneur, la profusion de ta miséricorde infinie. Seraient-elles aussi nombreuses que le sable de la mer, jamais elles ne parviendraient à égaler la richesse du don que tu nous as fait. Alléluia, alléluia, alléluia ! Nous contemplons dans la Vierge sainte le flambeau qui a porté la Lumière dans les ténèbres. Embrasée par la flamme du Verbe de Dieu qu'elle accueille dans sa chair, elle conduit tout homme à la connaissance de Dieu, illuminant l'intelligence de sa splendeur. Joyeusement nous l'acclamons :

Réjouis-toi aurore du Soleil levant

Réjouis-toi flambeau qui porte la Lumière véritable Réjouis-toi éclat de Celui qui illumine notre cœur Réjouis-toi devant toi l'ennemi est frappé de terreur Réjouis-toi porte de la Lumière étincelante

Réjouis-toi source d'une Eau jaillissant en vie éternelle Réjouis-toi image vivante de la piscine du baptême

Réjouis-toi en qui nous sommes lavés de la souillure du péché Réjouis-toi bassin où nous est donné un esprit renouvelé Réjouis-toi coupe où nous puisons la joie

Réjouis-toi en qui nous respirons le parfum du Christ Réjouis-toi source intarissable d'allégresse

Réjouis-toi Épouse inépousée !

Il a voulu faire grâce des anciennes dettes à tous les hommes. De lui-même il est venu habiter chez les siens, parmi ceux qui vivaient loin de sa grâce et déchirant leurs billets de créance, il entendit de toutes les bouches sortir cette acclamation : Alléluia, alléluia, alléluia ! Nous voulons, ô Mère de Dieu, chanter ton enfantement, te louer comme le temple vivant que le Seigneur a sanctifié et glorifié en demeurant dans ton sein, lui qui tient tout dans sa Main :

Réjouis-toi tabernacle du Dieu vivant

Réjouis-toi sanctuaire qui contient le seul Saint

Réjouis-toi arche de la Nouvelle Alliance dorée par l'Esprit Réjouis-toi trésor inépuisable de la Vie

Réjouis-toi diadème de grand prix pour les gouvernants Réjouis-toi gloire vénérable des prêtres de Dieu Réjouis-toi solide tour qui garde l'Église

Réjouis-toi rempart inébranlable de la Cité

Réjouis-toi en qui surgit le Trophée de notre victoire Réjouis-toi en qui sonne la déroute de notre ennemi Réjouis-toi guérison de mon corps

Réjouis-toi salut de mon âme Réjouis-toi Épouse inépousée !

Ô Mère bénie entre toutes, toi qui as enfanté le Verbe de Dieu, le seul Saint, reçois l'offrande de notre prière. Garde-nous de tout malheur et de toute menace, nous qui te chantons d'un même cœur : Alléluia, alléluia, alléluia ! »

Ces paradoxes poétiques ne sont pas sans rappeler les accents de saint Éphrem (IVème siècle) que l'on nomme 'la Harpe du Saint-Esprit', où il présente le sein de Marie comme le lieu où se renversent les rôles. C'est ce chemin que nous devons suivre pour arriver à la véritable conversion, en nous coulant dans le moule de Marie.

« Le Seigneur vint en elle pour se faire serviteur. Le Verbe vint en elle pour se taire dans son sein. La Foudre vint en elle pour ne faire aucun bruit.
Le Pasteur vint en elle et voici l'Agneau né, qui pleure sans bruit. Car le sein de Marie a renversé les rôles :
Celui qui créa toutes choses est entré en possession de celles-ci, mais pauvre.
Le Très-Haut vint en elle, mais il y entra humble.
La Splendeur vint en elle, mais revêtue de vêtements humbles. Celui qui dispense toutes choses connut la faim.
Celui qui étanche la soif de chacun connut la soif.
Nu et dépouillé il naquit d'elle, lui qui revêt (de beauté) toutes choses. »
(Hymne De Nativitate 11, 6-8)

Le bébé ne discute avec sa mère quand il est dans son sein, mais il communie et communique, et de cette transfusion d'amour dépendra tout le reste de sa vie. Beaucoup d'hommes et de femmes sont abîmés pendant le temps de la gestation et connaissent soit une dureté ou un manque affectif qui les marquera à jamais… à moins qu'ils renaissent en Marie, qu'ils connaissent une gestation mystique dans le sein de Marie.
Cela n'est pas sans rappeler l'entretien avec Nicodème : « Or il y avait parmi les pharisiens un homme du nom de Nicodème, un notable des Juifs. Il vint de nuit trouver Jésus et lui dit : 'Rabbi, nous le savons, tu viens de la part de Dieu comme un Maître : personne ne peut faire les signes que tu fais, si Dieu n'est pas avec lui.' Jésus lui répondit : 'En vérité, en vérité, je te le dis, à moins de naître de nouveau, nul ne peut voir le Royaume de Dieu.' Nicodème lui dit : 'Comment un homme peut-il naître, étant vieux ? Peut-il une seconde fois entrer dans le sein de sa mère et naître ?' Jésus répondit : 'En vérité, en vérité, je te le dis, à moins de naître d'eau et d'Esprit, nul ne peut entrer dans le Royaume de Dieu. Ce qui est né de la chair est chair, ce qui est né de l'Esprit est esprit. Ne t'étonne pas, si je t'ai dit : Il vous faut naître à nouveau. Le vent souffle où il veut et tu entends sa voix, mais tu ne sais pas d'où il vient ni où il va. Ainsi en est-il de quiconque est né de l'Esprit'. » (Jn 3, 1-8)

Vieillards ! ne vous couchez pas dans un cercueil, couchez-vous dans le sein de Marie, allongez-vous dans la forme de Marie (qui est forma Dei comme l'avait déjà dit saint Augustin). Et vous aussi, seniors qui pensez qu'il est trop tard pour devenir un saint, vous qui faites le bilan des occasions manquées, des décisions toujours remises à demain, la petite voie mariale de Grignion de Montfort est pour vous, elle est rapide et d'autant plus aisée que vous n'avez plus d'illusion, pas plus que l'esprit rebelle de la jeunesse. Abandonnez-vous totalement à notre tendre et douce Mère pour renaître à la vie éternelle.

À Soufanieh, apparitions reconnues par l'Église, un jour, les gens virent la Vierge. Les enfants furent les premiers à l'apercevoir, elle avançait vers eux et les appelait : la mère, notre Mère ! La mère, notre Mère !
Un bond et les voici dans ses bras. Elle les étreignait un à un. Des larmes de bonheur coulaient de ses yeux souriants et lui arrosaient les joues. Les enfants caressaient ses cheveux et de leurs petits doigts effleuraient sa robe bleue. Ils cachaient leurs visages dans son voile blanc et posaient leur petite tête sur ses épaules. De leur front ils jouaient sur les paumes de ses mains toujours ouvertes. Ils couraient, dansaient, applaudissaient et chantaient. Les anges chantaient avec eux l'hymne d'allégresse éternelle et de la paix perpétuelle !

Cette intimité, les saints du Moyen-âge l'ont eue sans fausse pudeur, certains ont même été allaités par Marie. Mais nous vivons dans un tel contexte d'impureté où même les femmes n'ont plus le droit de donner le sein en public (dans certains pays), où le corps n'est plus qu'un objet ordonné à la fonction sexuelle. Déjà Grignion de Montfort se plaignait, en son temps qui était celui du libertinage. « Le monde est maintenant si corrompu qu'il est comme nécessaire que les cœurs religieux en soient souillés, sinon par sa boue, du moins par sa poussière ; en sorte que c'est une espèce de miracle quand une personne demeure ferme au milieu de ce torrent impétueux sans être entraînée, au milieu de cette mer orageuse sans être submergée ou pillée par les pirates et les corsaires, au milieu de cet air empesté, sans en être endommagée ; c'est la Vierge uniquement fidèle dans laquelle le serpent n'a jamais eu de part, qui fait ce miracle à l'égard de ceux et celles qui l'aiment de la belle manière. (Traité de la Vraie Dévotion)

ET MA REINE

Marie est Reine du Ciel, c'est-à-dire du Cœur de Dieu. C'est cette royauté de celui qui se fait tout petit que Jésus est venu instaurer. Elle est fille de roi et Mère du Roi des rois, comment ne serait-elle pas la Reine du Ciel ? Ce titre mit du temps à s'imposer à cause de la douloureuse histoire d'Israël qui avait adopté une déesse païenne, la reine du ciel, et qui était la parèdre, c'est-à-dire l'épouse du dieu. Comme à Babylone, Ishtar était l'épouse de Baal. Mais très tôt, les Pères de l'Église la reconnaissent comme Reine, d'une royauté qui ne la rend pas égale au Roi, car alors elle serait une déesse, mais qui procède de la royauté de son Fils. Selon son bon plaisir, il lui accorde des privilèges qui, remarquons-le bien, sont des privilèges non pour elle mais pour le bien de l'humanité. Elle devient ainsi la dispensatrice des grâces.

La fête de Marie Reine

Dans une audience générale, le mercredi 22 août 2012, le pape Benoît XVI a rappelé le titre et la signification de la fête de Marie Reine.

« Chers frères et sœurs,

C'est aujourd'hui la mémoire liturgique de la Bienheureuse Vierge Marie invoquée sous le titre de « Reine ». C'est une fête d'institution récente, même si l'origine et la dévotion en sont anciennes : elle fut établie en effet par le vénérable Pie XII, en 1954, au terme de l'Année mariale, et sa date fut fixée au 31 mai
(cf. Lett. enc. Ad caeli Reginam, 11 octobris 1954 : AAS 46 [1954], 625-640).
En cette circonstance, le Pape déclara que Marie est Reine plus que toute autre créature par l'élévation de son âme et par l'excellence des dons reçus. Elle ne cesse d'offrir tous les trésors de son amour et des attentions à l'humanité
(cf. Discours en honneur de Marie Reine, 1er novembre 1954).

À présent, après la réforme post-conciliaire du calendrier liturgique, elle a été placée huit jours après la solennité de l'Assomption pour souligner le lien étroit entre la royauté de Marie et sa glorification corps et âme à côté de son Fils. Dans la Constitution sur l'Église du Concile Vatican II nous lisons : 'Marie fut élevée corps et âme à la gloire du ciel, et exaltée par le Seigneur comme la

Reine de l'univers, pour être ainsi plus entièrement conforme à son Fils' (Lumen Gentium, n. 59).

Telle est l'origine de la fête d'aujourd'hui : Marie est Reine parce qu'elle est associée de façon unique à son Fils, tant sur le chemin terrestre, que dans la gloire du Ciel. Le grand saint de Syrie, Éphrem le Syrien, affirme, à propos de la royauté de Marie, qu'elle découle de sa maternité : elle est Mère du Seigneur, du Roi des rois (cf. Is 9, 1-6) et elle nous indique Jésus comme notre vie, notre salut et notre espérance. Le serviteur de Dieu Paul VI rappelait dans son exhortation apostolique Marialis Cultus : 'Dans la Vierge, tout se rapporte au Christ et tout dépend de lui : c'est pour lui que Dieu le Père, de toute éternité, l'a choisie comme Mère toute sainte et l'a parée de dons de l'Esprit à nul autre consentis' (n. 25).

Mais demandons-nous à présent : que veut dire Marie Reine ? Est-ce seulement un titre uni aux autres, la couronne, un ornement parmi d'autres ? Qu'est-ce que cela veut dire ? Qu'est-ce que cette royauté ? Comme on l'a déjà dit, c'est une conséquence du fait qu'elle est unie au Fils, qu'elle est au Ciel, c'est-à-dire en communion avec Dieu ; elle participe à la responsabilité de Dieu pour le monde et à l'amour de Dieu pour le monde. Il y a une idée vulgaire, commune, de roi ou reine : ce serait une personne ayant du pouvoir, de la richesse. Mais ce n'est pas le type de royauté de Jésus et de Marie. Pensons au Seigneur : la royauté et le fait d'être roi pour le Christ est mêlé d'humilité, de service, d'amour : c'est surtout servir, aider, aimer. Rappelons-nous que Jésus a été proclamé roi sur la croix avec cette inscription écrite par Pilate : 'Roi des juifs' (Mc 15, 26). À ce moment-là sur la croix, il est montré qu'il est roi ; et comment est-il roi ? En souffrant avec nous, pour nous, en aimant jusqu'au bout, et ainsi, il gouverne et crée la vérité, l'amour, la justice. Ou pensons aussi à cet autre moment : lors de la Dernière Cène il se penche pour laver les pieds des siens. Donc la royauté de Jésus n'a rien à voir avec celle des puissants de la terre. C'est un roi qui sert ses serviteurs ; ainsi l'a-t- il démontré pendant toute sa vie. Et il en est de même pour Marie : elle est reine dans le service à Dieu à l'humanité, elle est reine de l'amour qui vit le don de soi à Dieu pour entrer dans le dessein du salut de l'homme. À l'ange elle répond : 'Me voici, je suis la servante du Seigneur' (Lc 1, 38), et dans le Magnificat, elle chante : 'Dieu a vu l'humilité de sa servante' (Lc 1, 48). Elle nous aide. Elle est reine précisément en nous aimant, en nous aidant dans chacun de nos besoins ; elle est notre sœur, humble servante.

Et ainsi, nous sommes déjà parvenus à ce point : comment Marie exerce-t-elle cette royauté de service et d'amour ? En veillant sur nous, ses fils : les fils qui s'adressent à elle dans la prière, pour la remercier ou pour lui demander sa protection maternelle et son aide céleste, peut-être après avoir égaré la route, opprimés par la douleur ou par l'angoisse à cause des tristes et durs événements de la vie. Dans la sérénité ou dans l'obscurité de l'existence, nous nous adressons à Marie, en nous confiant à son intercession constante, afin qu'elle puisse nous obtenir de son Fils toutes les grâces et miséricordes nécessaires dans notre pèlerinage le long des chemins du monde. Nous nous adressons avec confiance à Celui qui gouverne le monde et a en main les destins de l'univers, au moyen de la Vierge Marie. Depuis des siècles, elle est invoquée comme céleste Reine des cieux ; huit fois, après la prière du saint Rosaire, elle est implorée dans les litanies de Lorette comme Reine des anges, des patriarches, des prophètes, des apôtres, des martyrs, des confesseurs, des vierges, de tous les saints et des familles. Le rythme de ces antiques invocations et prières quotidiennes, comme le Salve Regina, nous aident à comprendre que la Sainte Vierge, comme notre Mère auprès de son Fils Jésus dans la gloire du Ciel, est toujours avec nous, dans le déroulement quotidien de notre vie.

Le titre de reine est donc un titre de confiance, de joie, d'amour. Et nous savons que celle qui a en partie en mains les destinées du monde est bonne, nous aime et nous aide dans nos difficultés.

Chers amis, la dévotion à la Vierge est un élément important de la vie spirituelle. Dans notre prière, nous ne manquons pas de nous adresser à elle avec confiance. Marie ne manquera pas d'intercéder pour nous auprès de son Fils. En tournant notre regard vers elle, imitons sa foi, sa pleine disponibilité au projet d'amour de Dieu, son accueil généreux de Jésus. Apprenons à vivre de Marie. Marie est la Reine du ciel proche de Dieu, mais elle est également la Mère proche de chacun de nous, qui nous aime et écoute notre voix. Merci pour votre attention. »

Beaucoup ignorent le rôle qu'une mystique française a joué auprès de Rome pour que ce titre de Marie Reine entre dans le calendrier liturgique.

Clémence Ledoux

Le théologien Arnaud Dumouch nous donne un très bel enseignement sur la vie de Clémence Ledoux et sur son combat pour que le titre de Reine soit donné à Marie[3].

Cette royauté est forte de la force de sa pureté et de son amour miséricordieux, de son immense tendresse pour le Corps de son Fils qui a fait de tous les baptisés un peuple de prêtres, de prophètes et de rois. Elle est la Reine des anges, mais aussi des anges déchus et son pouvoir est grand sur les démons. Le savent ceux qui ont pratiqué des exorcismes, le Nom de Marie les épouvante et les fait fuir. La Reine Esther est la préfiguration de ce rôle de Marie qui déjoue les projets du Mal qui veut détruire le peuple juif. Sa beauté tout comme son émotion émurent le cœur du roi qui fit annuler le décret d'extermination de Hamman. Notre Mère et notre Reine n'agit-elle pas ainsi dans les mariophanies contemporaines où elle rassemble les sujets du Roi pour qu'ils se convertissent et changent les malheurs qui menacent la terre ? Elle se présente sous le vocable de Marie Reine de la Paix. Jésus, par son bon plaisir, délègue une partie de son pouvoir royal à sa Mère, sans rien perdre de sa dignité. Et c'est particulièrement vrai en ces temps qui sont les derniers, annoncés par Grignion de Montfort. Il nous envoie les prophètes de la miséricorde, car les moyens de salut dont Dieu dispose nous réservent encore bien des surprises. Cela, les théologiens l'ignorent, ils peuvent penser Dieu – c'est une grande et honorable mission -, mais ils ne peuvent pas penser à la place de Dieu. La Petite Thérèse, sainte Faustine, saint Maximilien Kolbe, saint Jean-Paul II sont venus pour nous révéler une dimension qui était restée en partie cachée – bien que Marie ait été honorée depuis le Moyen-âge comme Mater Misericordiae, Mère de Miséricorde. Saint Maximilien Kolbe nous dit que Jésus a confié à Marie tout l'ordre de la miséricorde. Relisons et faisons nôtre cette puissante et si intense prière de saint Maximilien dont chaque mot mérite d'être médité.

« Immaculée Conception, Reine du ciel et de la terre, Refuge des pécheurs et Mère très aimante, à qui Dieu voulut confier tout l'ordre de la Miséricorde, me voici à tes pieds, moi, pauvre pécheur. Je t'en supplie, accepte mon être tout entier comme ton bien et ta propriété ; agis en moi selon ta volonté, en mon âme et mon corps, en ma vie et ma mort et mon éternité. Dispose avant tout de moi comme tu le désires, pour que se réalise enfin ce qui est dit de toi : 'La Femme écrasera la tête du serpent' et aussi 'Toi seule vaincras les hérésies dans le monde entier'. Qu'en tes mains toutes pures, si riches de miséricorde, je

---

[3] https://www.youtube.com/watch?v=LA_HvOoSB7M

devienne un instrument de ton amour, capable de ranimer et d'épanouir pleinement tant d'âmes tièdes ou égarées. Ainsi s'étendra sans fin le Règne du Cœur divin de Jésus. Vraiment, ta seule présence attire les grâces qui convertissent et sanctifient les âmes, puisque la Grâce jaillit du Cœur divin de Jésus sur nous tous, en passant par tes mains maternelles. Amen. »

SELON TON BON PLAISIR

Souffrance et joie

La vie spirituelle est souvent présentée comme un chemin semé d'embûches, comme un travail pénible. La croix qui doit être le seul horizon du chrétien sur la terre, comme le dit saint Jean de la Croix, se dresse comme un instrument de supplice, comme une promesse de « tuiles » à venir pour celui qui a décidé de suivre le Christ, une réserve inépuisable de souffrances. Cette optique doloriste est démentie par le témoignage des amis de Dieu qui nous apprennent que tout est joie. Thérèse de Lisieux ne dira-t-il pas : « Ma joie c'est de souffrir » ? L'inéluctable souffrance de la vie en ce monde semble transmuée en joie pour ceux qui suivent jusqu'au bout les chemins de Dieu. La croix n'est plus pour eux l'instrument de la peine capitale, mais une participation à la savoureuse sagesse divine, elle est le lit d'amour où le Bien-aimé s'est étendu et où il nous attend.

D'où vient ce renversement de perspective qui fait que nous percevons souvent notre condition de chrétien comme une souffrance de déplaisir ? D'une corruption, par d'autres cultures, du message évangélique et de la pensée biblique. D'une culpabilité toute humaine qui s'oppose à l'épanouissement humain et spirituel. Jésus est venu pour nous donner la joie et il désire que notre joie soit parfaite, que nous nous réjouissions sans cesse. Nous avons montré que la louange nourrie de foi, d'espérance et d'amour est l'art de vivre la joie dans toutes les situations de notre vie, à commencer par les plus douloureuses et les plus pénibles. Nous pouvons mettre en équation deux affirmations du Curé d'Ars :

« Pour faire un saint, il faut beaucoup de temps et de souffrance » et « Un saint triste est un triste saint. » La souffrance n'exclut pas la joie et le bonheur. Pour les saints, joie et bonheur habitent la souffrance et en changent la nature.

Au commencement était le plaisir

Nous avons recensé huit racines hébraïques qui traduisent la notion biblique de délice, c'est dire l'importance de cet état d'être. L'homme a été conçu pour cela ! Nous avons fait du mot Eden un nom propre alors qu'il s'agit d'un nom commun qui signifie délice : « Puis le Seigneur Dieu planta un jardin de délices, du côté de l'orient, et il y mit l'homme qu'il avait formé. Le Seigneur Dieu fit pousser du sol des arbres de toute espèce, agréables à voir et bons à manger, et l'arbre de la vie au milieu du jardin, et l'arbre de la connaissance du bien et du mal. Un fleuve sortait d'Eden pour arroser le jardin, et de là il se divisait en quatre bras. L'Eternel Dieu prit l'homme, et le plaça dans le jardin de délices pour le cultiver et pour le garder. » (Gn 2, 8-10 ,15)
Ce jardin sera, après la faute, interdit à l'homme qui pourtant dans les différentes religions cultivera la nostalgie des origines. Il était placé dans un état d'innocence proche du tout petit enfant qui ne connaît que le plaisir et qui n'obéit qu'au principe de plaisir. La faculté de discerner entre le bien et le mal, Dieu voulait la lui épargner. Désormais le nouvel Eden passera par les souffrances de la rédemption et par une croissance. Jésus affirme cependant qu'à moins de redevenir comme des tout petits enfants on ne peut pas y entrer. Cette nouvelle innocence, au-delà du bien et du mal, sera acquise par le sacrifice de la Croix. Au terme de la Rédemption se trouvent les délices éternelles.
Au cours de l'histoire d'Israël, la terre promise et chaque territoire conquis sont considérés comme un pays où coulent le lait et le miel, comme un lieu de délices, un avant-goût du paradis, autre nom commun (du perse *pardes*) qui signifie 'jardin'.

Où Dieu prend plaisir

Dans l'éternité comme dans l'œuvre de la création, la Bible nous apprend que Dieu prenait plaisir, qu'il jouait avec la sagesse : « Lorsqu'il posa les fondements de la terre, j'étais à l'œuvre auprès de lui, et je faisais tous les jours ses délices, jouant sans cesse en sa présence, jouant sur le globe de sa terre, et trouvant mon plaisir parmi les fils de l'homme. » (Pr 8, 30-31) Les mystiques chrétiens parlent avec ferveur de ce jeu d'amour où tout est délice. Nous trouvons un avant-goût de la « fruition » de l'union mystique, dans l'observance des commandements qui n'est pas perçue comme un devoir pénible, mais comme une source de bonheur :

« Je soupire après ton salut, ô Seigneur ! Et ta loi fait mes délices ! » (Ps 119, 174) Que tes compassions viennent sur moi, pour que je vive ! Car ta loi fait mes délices ! » (Ps 119, 77)

De même, les délices de Dieu sont dans l'union avec sa créature bien-aimée :

« Ephraïm est-il donc pour moi un fils chéri, un enfant qui fait mes délices ? Car plus je parle de lui, plus encore son souvenir est en moi, aussi mes entrailles sont émues en sa faveur, j'aurai pitié de lui, dit le Seigneur. » (Jr 31, 20)

Ce verbe si riche (sasaoua) qui signifie 'prendre plaisir en caressant', en jouant, est également employé dans la très belle prophétie d'Isaïe : « Car ainsi parle le Seigneur, voici, je dirigerai vers elle la paix comme un fleuve, et la gloire des nations comme un torrent débordant, et vous serez allaités, vous serez portés sur les bras, et caressés sur les genoux. (Is 66, 12)

Hephtsiba, « mon plaisir est en elle » pourrait être un nom de la Vierge.

Le plaisir, le bon plaisir de Dieu qui, parce qu'il est un plaisir amoureux, est parfois traduit par affection, nous le trouvons dans la racine haphats. C'est encore chez Isaïe que nous trouvons l'annonce de la Rédemption comme le bon plaisir de Dieu parmi les enfants des hommes : « Alors les nations verront ton salut, et tous les rois ta gloire, et l'on t'appellera d'un nom nouveau, que la bouche du Seigneur déterminera. Tu seras une couronne éclatante dans la main du Seigneur, un turban royal dans la main de ton Dieu. On ne te nommera plus 'délaissée', on ne nommera plus ta terre 'désolation'. Mais on t'appellera 'Hephtsiba, mon plaisir est en elle', et l'on appellera ta terre 'épousée', car le Seigneur met son plaisir en toi, et ta terre aura un époux. (Is 62, 2-4)

Ce nom nouveau est en fait celui du Christ, celui que la voix du Père emploie pour révéler son Fils par l'Esprit au moment du baptême dans le Jourdain : « Et le Saint-Esprit descendit sur lui sous une forme corporelle, comme une colombe. Et une voix fit entendre du ciel ces paroles : 'Tu es mon Fils bien-aimé, en toi j'ai mis toute mon affection'. » (Lc 3, 22) On aurait pu traduire également : 'en toi j'ai mis tout mon bon plaisir', 'mon délice est avec toi'. Les traductions font un choix et diffèrent d'une bible à l'autre.

Ce bon plaisir, Dieu veut l'étendre à tous les hommes comme le suggère la prophétie du serviteur souffrant : « Il a plu au Seigneur de le briser par la souffrance. Après avoir livré sa vie en sacrifice pour le péché, Il verra une postérité et prolongera ses jours, et le bon plaisir du Seigneur prospérera entre ses mains. » (Is 53, 10)

Si tu fais du shabbat tes délices

« Si tu fais du shabbat tes délices, pour sanctifier le Seigneur en le glorifiant, et si tu l'honores en ne suivant point tes voies, en ne te livrant pas à tes penchants et à de vains discours, alors tu mettras ton plaisir dans le Seigneur, et je te ferai monter sur les hauteurs du pays, je te ferai jouir de l'héritage de Jacob, ton père, car la bouche du Seigneur a parlé. » (Is 58, 13-14)

« Je fais mes délices de tes commandements. Je les aime. » (Ps 119, 47)

Dans le judaïsme le shabbat est appelé 'délices des jours' et prendre du plaisir en lui est un commandement (Oneg shabbat) : plaisir dans le culte familial, dans le partage de la parole et de la nourriture, dans le repos et la prière. En remplaçant le shabbat par le dimanche nous avons oublié ces notions bibliques si importantes… mais nous pouvons les retrouver… : « Afin que vous soyez nourris et rassasiés, du lait de ses consolations, afin que vous savouriez avec bonheur (oneg) la plénitude de sa gloire. » (Is 66, 11)

JE TE CONSACRE EN TOUTE SOUMISSION ET AMOUR

Soumission et amour, deux termes qui s'entrechoquent dans nos mentalités modernes. Nous voulons bien aimer, mais pas nous soumettre. Nous touchons pourtant là, la clef de voûte de la vie mystique et, comme le disait sainte

Thérèse d'Avila, la raison pour laquelle Dieu a si peu d'amis. Nous voulons de l'amour, mais de l'amour libre sans contrainte ni soumission d'aucune sorte. Or, l'amour est essentiellement don et oubli de soi-même.

Soumettre c'est mettre en dessous et nous ne voulons pas nous mettre en dessous de l'image que nous avons de nous-mêmes.

Se soumettre, c'est guérir de la révolte. Il est tant de situations où nous nous sentons rabaissés, humiliés et nous réagissons par des mouvements de rébellion et d'orgueil. Rébellion qui produit de la colère et nous enlève notre paix. Toute autre est l'attitude de sainte Bernadette, le balai derrière la porte. Quand elle dit : « Il faut beaucoup d'humiliations pour faire un peu d'humilité », elle ordonne les humiliations à l'humilité, elle les voit comme un moyen de produire l'humilité sans laquelle nous n'avons pas de place dans le Royaume.

Il faut choisir l'humiliation plutôt que de la subir car, quand on la choisit ce ne peut être que par amour et, quand on la subit, il est très difficile d'y associer l'amour.

Pourtant il fut une époque où ces deux termes de 'soumission' et 'amour' s'harmonisèrent pour longtemps : le temps de la chevalerie et de l'amour courtois. La soumission du chevalier à sa Dame résonnera jusque dans le cœur de Maximilien Kolbe qui se fit Chevalier de l'Immaculée. La soumission de l'homme à la femme (nous mettons, bien sûr de côté la relation sadomasochiste) est là encore un des renversements qui s'opèrent en Marie. Saint-Paul est conspué aujourd'hui pour son précepte que l'on comprend comme machiste : « Comme l'Église est soumise au Christ, que les femmes soient soumises en tout à leurs maris. Maris, aimez vos femmes comme le Christ a aimé l'Église et s'est livré lui-même pour elle. » (Ep 5, 24-25) Soumission et amour s'éclairent l'un l'autre. Est-il plus difficile pour une femme d'être soumise au Christ, comme le fut la Vierge Marie, qu'à un mari, qu'à un homme dont l'égoïsme n'est plus à démontrer ; d'aimer sa femme comme le Christ qui a aimé jusqu'à la mort d'amour, et cela jusqu'à ce que la mort sépare les époux ? Et où est le problème quand on se soumet à quelqu'un qui vous aime infiniment et ne désire que votre bonheur ? N'aboutit-on pas finalement à une union de volonté ? Ce qui est le but de la vie mystique !

Saint Pierre dans son épître éclaire encore davantage le contexte de l'Église naissante et la capacité de la femme à opérer des conversions : « Vous, de même, femmes, soyez soumises à vos maris, afin que, même si quelques-uns refusent de croire à la Parole, ils soient gagnés, sans parole, par la conduite de leurs femmes, en considérant votre conduite pure, respectueuse. Que votre parure ne soit pas extérieure : cheveux tressés, bijoux d'or, toilettes élégantes ; mais qu'elle soit la disposition cachée du cœur, parure incorruptible d'un esprit doux et paisible, qui est d'un grand prix devant Dieu. (1P 3,1-4) Dans ce texte transparaît le rôle de la femme dans l'histoire du salut.

Dans la chevalerie et l'amour courtois, la Dame va faire subir à son soupirant un parcours initiatique qui aura pour conséquences de mettre son énergie belliqueuse au service de la veuve et de l'orphelin, de transformer sa véhémence en patience et en douceur en remettant à plus tard les entrevues amoureuses, de mourir à son orgueil en le soumettant à des humiliations. On comprend pourquoi au Moyen-âge on a appelé la Vierge Notre Dame.

L'amour courtois, dégagé des éléments charnels qu'on peut encore trouver en lui, va devenir un mouvement mystique d'une ampleur et d'une élévation incroyables jusqu'au XVème siècle. Et encore au XVIème siècle, l'œuvre et la vie de Thérèse d'Avila sont marquées par la courtoisie. Parmi ces grandes mystiques, il faut mentionner (et surtout lire) des extatiques d'une élévation extraordinaire :

Hildegarde de Bingen, Gertrude d'Hefta, Haedwijch d'Anvers, Marguerite Porete, Mechtilde de Magdebourg, Béatrice de Nazareth et tant d'autres qui seront à l'origine de l'échange des cœurs, de la dévotion au Sacré-Cœur de Jésus et de l'adoration du Saint-Sacrement, du premier cas de stigmatisation féminine chez sainte Lutgarde.

MON CORPS ET MON ÂME

Consacrer signifie mettre à part pour Dieu, con-sacrer, sacrer avec. C'est l'équivalent d'un sacrifice, d'un don total pour le service du Temple. Dans le Nouveau Testament, Jean reprend le vocabulaire de la consécration lié à la sanctification des objets et des personnes voués à la glorification du Père. Et comme le prêtre consacre le pain et le vin, Jésus consacre ses disciples - c'est la prière sacerdotale qui nous sanctifie- lui qui est à la fois le prêtre, la victime et l'autel. Voilà pourquoi Marthe Robin a pu dire : « Toute vie est une Messe et toute âme est une hostie. »

« Maintenant je vais à toi et je dis ces paroles dans le monde pour qu'ils aient en eux ma joie dans sa plénitude. Je leur ai donné ta parole, et le monde les a haïs parce qu'ils ne sont pas du monde, comme je ne suis pas du monde. Je ne te demande pas de les ôter du monde, mais de les garder du Mauvais. Ils ne sont pas du monde comme je ne suis pas du monde. Consacre-les par la vérité : ta parole est vérité. Comme tu m'as envoyé dans le monde, je les envoie dans le monde. Et pour eux je me consacre moi-même, afin qu'ils soient eux aussi consacrés par la vérité. » (Jn 17, 13-19)

Avec quelle intensité nous devons prononcer ces paroles : « Je te consacre mon corps et mon âme » ! Nous devons en mesurer toutes les conséquences. Car, même si tout disciple de Jésus peut les prononcer comme une confession de sa vocation de baptisé identifié à la mort et à la résurrection du Christ, nous réaffirmons par cet acte de consécration, notre adhésion totale et parfaite et notre disposition à ce que Dieu nous prenne au mot. En faisant le sacrifice de notre vie, corps et âme, par les mains de Marie, nous devons savoir que notre vocation est le martyre d'amour. Quoiqu'il arrive dans notre vie, nous trouverons toujours les points suivants :

La haine du monde et du diable

Une joie parfaite

Des épreuves

De grandes consolations

Une union à Dieu de plus en plus forte et pure.

La Tradition, appuyée sur la prophétie d'Isaïe, affirme que la Vierge n'a pas connu les douleurs de l'enfantement quand elle a donné naissance à Jésus. « Écoutez la parole du Seigneur, vous qui tremblez à sa parole. Ils ont dit, vos frères qui vous haïssent et vous rejettent à cause de mon nom : "Que le Seigneur manifeste sa gloire, et que nous soyons témoins de votre joie", mais c'est eux qui seront confondus ! Une voix, une rumeur qui vient de la ville, une voix qui vient du sanctuaire, la voix du Seigneur qui paie leur salaire à ses ennemis. Avant d'être en travail elle a enfanté, avant que viennent les douleurs elle a accouché d'un garçon. Qui n'a jamais entendu rien de tel ? Qui a jamais vu chose pareille ? Peut-on mettre au monde un pays en un jour ? Enfante-t-on une nation en une fois ? À peine était-elle en travail que Sion a enfanté ses fils. Ouvrirais-je le sein pour ne pas faire naître ? dit le Seigneur. Si c'est moi qui fais naître, fermerai-je le sein ? dit ton Dieu. » (Is 66,5-9)

Mais cette souffrance qui lui est épargnée et qui montre qu'elle est exempte de la malédiction due à la faute d'Ève et que c'est Dieu qui enfante de Dieu par elle et de tout son corps qui est un peuple nouveau, cette douleur elle va la connaître tout au long de sa vie. Ses souffrances seront les souffrances rédemptrices du Messie.

Beaucoup s'étonnent, sont impressionnés, voire épouvantés, repoussés par les multiples images de la Vierge qui pleure des larmes et du sang. Ces manifestations sont liées aux douleurs apocalyptiques du dernier avènement de Jésus et de sa venue dans la gloire. Saint Jean nous le montre bien dans le livre de la Révélation, du Dévoilement où la Femme met au monde l'Enfant. Ces douleurs sont liées à nous, ses enfants, sa postérité. Comme il est utile de méditer le chapitre 12 de l'Apocalypse pour comprendre en quel temps de combat nous sommes avec la ferme espérance qu'à la fin « Mon Cœur Immaculé triomphera » !

« Un grand signe parut dans le ciel : une femme enveloppée du soleil, la lune sous ses pieds, et une couronne de douze étoiles sur sa tête. Elle était enceinte, et elle criait, étant en travail et dans les douleurs de l'enfantement. Un autre signe parut encore dans le ciel ; et voici, c'était un grand dragon rouge, ayant sept têtes et dix cornes, et sur ses têtes sept diadèmes. Sa queue entraînait le tiers des étoiles du ciel et les jetait sur la terre. Le dragon se tint devant la Femme qui allait enfanter, afin de dévorer son enfant, lorsqu'elle aurait enfanté. Elle enfanta un fils, qui doit paître toutes les nations avec une verge de fer. Et son enfant fut enlevé vers Dieu et vers son trône. Et la Femme s'enfuit dans le désert où elle avait un lieu préparé par Dieu, afin qu'elle y fût nourrie pendant mille deux cent soixante jours. Et il y eut une guerre dans le ciel. Michel et ses anges combattirent contre le dragon. Et le dragon et ses anges combattirent, mais ils ne furent pas les plus forts, et leur place ne fut plus trouvée dans le ciel. Et il fut précipité, le grand dragon, le serpent ancien, appelé le diable ou Satan, celui qui séduit toute la terre, il fut précipité sur la terre, et ses anges furent précipités avec lui. Et j'entendis dans le ciel une voix forte qui disait : Maintenant le salut est arrivé, et la puissance, et le règne de notre Dieu, et l'autorité de son Christ ; car il a été précipité, l'accusateur de nos frères, celui qui les accusait devant notre Dieu jour et nuit. Ils l'ont vaincu à cause du sang de l'Agneau et à cause de la parole de leur témoignage, et ils n'ont pas aimé leur vie jusqu'à craindre la mort. C'est pourquoi réjouissez- vous, cieux, et vous qui habitez dans les cieux. Malheur à la terre et à la mer ! Car le diable est descendu vers vous, animé d'une grande colère, sachant qu'il a peu de temps. Quand le dragon vit qu'il avait été précipité sur la terre, il poursuivit la Femme qui avait enfanté l'enfant mâle. Et les deux ailes du grand aigle furent données à la Femme, afin qu'elle s'envolât au désert, vers son lieu, où elle est nourrie un temps, des temps, et la moitié d'un temps, loin de la face du serpent. Et, de sa

de Marie. Du côté de l'homme, nous possédons, même sans le savoir, des récepteurs de cette lumière divine : ce sont les sens spirituels de l'âme qui selon notre degré d'élévation sont plus ou moins développés.

Il nous faut citer ici l'entretien de saint Séraphim de Sarov avec Motovilov :

« Alors le Père Séraphim me prit par les épaules et les serrant très fort dit : Nous sommes tous les deux, toi et moi, en la plénitude de l'Esprit-Saint. Pourquoi ne me regardes-tu pas ?

Je ne peux pas, Père, vous regarder. Des foudres jaillissent de vos yeux. Votre visage est devenu plus lumineux que le soleil. J'ai mal aux yeux...

Le Père Séraphim dit : N'ayez pas peur, ami de Dieu. Vous êtes devenu aussi lumineux que moi. Vous aussi vous êtes à présent dans la plénitude du Saint-Esprit, autrement vous n'auriez pas pu me voir.

Inclinant sa tête vers moi, il me dit à l'oreille : Remerciez le Seigneur de nous avoir accordé cette grâce indicible. Vous avez vu, je n'ai même pas fait le signe de la croix. Dans mon cœur, en pensée seulement, j'ai prié : " Seigneur, rends-le digne de voir clairement, avec les yeux de la chair, la descente de l'Esprit-Saint, comme à tes serviteurs élus lorsque tu daignas leur apparaître dans la magnificence de ta gloire ! " Et immédiatement Dieu exauça l'humble prière du misérable Séraphim. Comment ne pas le remercier pour ce don extraordinaire qu'à tous les deux il nous accorde ? Ce n'est même pas toujours aux grands ermites que Dieu manifeste ainsi sa grâce. Comme une mère aimante, cette grâce a daigné consoler votre cœur désolé, à la prière de la Mère de Dieu elle-même... Mais pourquoi ne me regardez-vous pas dans les yeux ? Osez me regarder sans crainte ; Dieu est avec nous.

Après ces paroles, je levai les yeux sur son visage et une peur plus grande encore s'empara de moi. Imaginez-vous au milieu du soleil, dans l'éclat le plus fort de ses rayons de midi, le visage d'un homme qui vous parle. Vous voyez le mouvement de ses lèvres, l'expression changeante de ses yeux, vous entendez le son de sa voix, vous sentez la pression de ses mains sur vos épaules, mais en même temps vous n'apercevez ni ses mains, ni son corps, ni le vôtre, rien qu'une étincelante lumière se propageant tout autour, à une distance de plusieurs mètres, éclairant la neige qui recouvrait la prairie et tombait sur le grand starets et sur moi-même. Peut-on se représenter la situation dans laquelle je me trouvais alors ?

Que sentez-vous maintenant ? demanda le Père Séraphim.

Je me sens extraordinairement bien.

Comment " bien " ? Que voulez-vous dire par " bien " ?

Mon âme est remplie d'un silence et d'une paix inexprimables.

C'est là, ami de Dieu, cette paix dont le Seigneur parlait lorsqu'il disait à ses disciples : " Je vous donne ma paix, non comme le monde la donne. C'est moi qui vous la donne. Si vous étiez de ce monde, ce monde vous aimerait. Mais je vous ai élus et le monde vous hait. Soyez sans crainte pourtant, car j'ai vaincu le monde " (Jn 14,27 ; 15,19,16,33). C'est à ces hommes, élus par Dieu, mais haïs par le monde, que Dieu donne la paix que vous ressentez à présent, " cette paix, dit l'Apôtre, qui dépasse tout entendement " (Ph 4,7). L'Apôtre l'appelle ainsi parce qu'aucune parole ne peut exprimer le bien-être spirituel qu'elle fait naître dans les cœurs des hommes où le Seigneur l'implante. Lui-même l'appelle sa paix (Jn 14,27). Fruit de la générosité du Christ et non de ce monde, aucun bonheur terrestre ne peut la donner. Envoyée d'en-haut par Dieu lui-même, elle est la Paix de Dieu... Que sentez-vous encore ?

Une douceur extraordinaire.

C'est la douceur dont parlent les Écritures. " Ils boiront le breuvage de ta maison et tu les désaltéreras par les torrents de ta douceur " (Ps 35,9). Elle déborde de notre cœur, s'écoule dans nos veines, procure une sensation de délice inexprimable... Que sentez-vous encore ?

Une joie extraordinaire dans tout mon cœur.

Quand le Saint-Esprit descend sur l'homme avec la plénitude de ses dons, l'âme humaine est remplie d'une joie indescriptible, le Saint-Esprit recréant dans la joie tout ce qu'il effleure. C'est de cette joie que le Seigneur parle dans l'Évangile lorsqu'il dit : " Une femme qui enfante est dans la douleur, son heure étant venue. Mais ayant mis un enfant au monde, elle ne se souvient plus de la douleur, tellement sa joie est grande. Vous aussi, vous aurez à souffrir dans ce monde, mais quand je vous visiterai vos cœurs seront dans la joie, personne ne pourra vous la ravir " (Jn 16, 21-22).

Toute grande et consolante qu'elle soit, la joie que vous ressentez en ce moment, n'est rien en comparaison de celle dont le Seigneur a dit, par l'entremise de son Apôtre : " La joie que Dieu réserve à ceux qui l'aiment est au-delà de tout ce qui peut être vu, entendu et ressenti par le cœur de l'homme en ce monde " (1 Co 2,9). Ce qui nous est accordé à présent n'est qu'un acompte de cette joie suprême. Et si, dès maintenant, nous ressentons douceur, jubilation et bien-être, que dire de cette autre joie qui nous est réservée au ciel, après avoir, ici-bas, pleuré ? Vous avez déjà assez pleuré dans votre vie et voyez quelle consolation dans la joie le Seigneur, dès ici-bas, vous donne. C'est à nous maintenant, ami de Dieu, d'œuvrer de toutes nos forces pour monter de gloire en gloire et à " constituer cet Homme parfait, dans la force de l'âge, qui réalise la plénitude du Christ " (Ép 4,13). " Ceux qui espèrent dans le Seigneur renouvellent leurs forces, il leur vient des ailes comme aux aigles, ils courent sans lassitude et marchent sans fatigue " (Is 40,31). " Ils marcheront de hauteur en hauteur et Dieu leur apparaîtra dans Sion " (Ps 83,8). C'est alors que notre joie actuelle, petite et brève, se manifestera dans toute sa plénitude et personne ne pourra nous la ravir, remplis que nous serons d'indicibles voluptés célestes...

Que ressentez-vous encore, ami de Dieu ?

Une chaleur extraordinaire.

Comment, une chaleur? Ne sommes-nous pas dans la forêt, en plein hiver ? La neige est sous nos pieds, nous en sommes couverts, et elle continue de tomber... De quelle chaleur s'agit-il ?

D'une chaleur comparable à celle d'un bain de vapeur.

Et l'odeur est-elle comme au bain ?

Oh non! Rien sur terre ne peut se comparer à ce parfum. Du temps où ma mère vivait encore j'aimais danser et quand j'allais au bal, elle m'aspergeait de parfums qu'elle achetait dans les meilleurs magasins de Kazan et payait fort cher. Leur odeur n'était pas comparable à ces aromates.

Le Père Séraphim sourit.

Je le sais, mon ami, aussi bien que vous, et c'est exprès que je vous questionne. C'est bien vrai - aucun parfum terrestre ne peut être comparé à la bonne odeur que nous respirons en ce moment - la bonne odeur du Saint-Esprit. Qu'est-ce qui peut, sur terre, lui être semblable ? Vous avez dit tout à l'heure qu'il faisait chaud, comme au bain. Mais regardez, la neige dont nous sommes couverts, vous et moi, ne fond pas, ainsi que celle qui est sous nos pieds. La chaleur n'est donc pas dans l'air, mais à l'intérieur de nous-mêmes. Elle est cette chaleur que

L'Esprit-Saint nous fait demander dans la prière : " Que ton Saint-Esprit nous réchauffe ! " Cette chaleur permettait aux ermites, hommes et femmes, de ne pas craindre le froid de l'hiver, enveloppés qu'ils étaient, comme dans un manteau de fourrure, dans un vêtement tissé par l'Esprit-Saint.

C'est ainsi qu'en réalité cela devrait être, la grâce divine habitant au plus profond de nous, dans notre cœur. Le Seigneur a dit : " Le Royaume des Cieux est au-dedans de vous " (Lc 17,21). Par le Royaume des Cieux, il entend la grâce du Saint-Esprit. Ce Royaume de Dieu est en nous maintenant. Le Saint-Esprit nous illumine et nous réchauffe. Il emplit l'air ambiant de parfums variés, réjouit nos sens et abreuve nos cœurs d'une joie indicible. Notre état actuel est semblable à celui dont parle l'Apôtre Paul : " Le Royaume de Dieu, ce n'est pas le manger et le boire, mais la justice, la paix et la joie, par l'Esprit-Saint " (Rm 14,17). Notre foi ne se base pas sur des paroles de sagesse terrestre, mais sur la manifestation de la puissance de l'Esprit. C'est l'état dans lequel nous sommes actuellement et que le Seigneur avait en vue lorsqu'il disait : " Je vous le dis en vérité, quelques-uns de ceux qui sont ici présents ne mourront point qu'ils n'aient vu le Royaume de Dieu venir avec puissance " (Mc 9,1).

Voilà, ami de Dieu, quelle joie incomparable le Seigneur a daigné nous accorder. Voilà ce que c'est que d'être " en la plénitude de l'Esprit-Saint." C'est cela qu'entend saint Macaire d'Égypte lorsqu'il écrit : " Je fus moi-même dans la plénitude de l'Esprit-Saint. " Humbles que nous sommes, le Seigneur nous a aussi remplis de la plénitude de son Esprit. Il me semble qu'à partir de maintenant vous n'aurez plus à m'interroger sur la façon dont se manifeste dans l'homme la présence de la grâce de l'Esprit-Saint.

Cette manifestation restera-t-elle gravée pour toujours dans votre mémoire ?

Je ne sais, Père, si Dieu me rendra digne de me la rappeler toujours, avec autant de netteté que maintenant.

Et moi, répondit le starets, j'estime qu'au contraire Dieu vous aidera à garder toutes ces choses à jamais dans votre mémoire. Autrement il n'aurait pas été aussi rapidement touché par l'humble prière du misérable Séraphim et n'aurait pas exaucé aussi vite son désir. D'autant plus que ce n'est pas à vous seul qu'il a été donné de voir la manifestation de cette grâce, mais par votre entremise au monde entier. Affermi vous-même, vous serez utile à d'autres. »

Les sens mystiques

Nous voyons que la lumière de l'Esprit est perçue jusque dans les cinq sens. Nous sommes nous-mêmes appelés à la transfiguration. Certaines personnes rayonnent d'une lumière qui n'a rien à voir avec la lumière du jour. Cette lumière, ils semblent la transpirer et elle nous touche et nous donne de la paix et de la joie.

Voilà pourquoi dans la première partie de l'Union mystique à Marie nous avons écrit que toute représentation de la Vierge Marie, statue ou image, quand nous la prenons à l'intérieur de nous, change peu à peu et se transfigure pour devenir pure Présence à la fois tangible et insaisissable.

Il ne peut donc pas y avoir de sensualité mystique – ce serait la marque de l'illusion et d'une fausse mystique –, mais sensorialité mystique qui est très pure, comme la lumière divine. Ce sont des touchers, des caresses qui se manifestent avec une grande délicatesse et que saint Jean de la Croix appelle des toque (toqué), des touches de l'Esprit-Saint qui font vibrer notre âme, la blessent d'amour et accroissent le sentiment amoureux pour Dieu.

Mais laissons-lui parole, il est expert en la matière.

« 4. Cependant si les substances spirituelles ne peuvent, suivant la loi ordinaire, être perçues nuement et clairement par l'entendement en cette vie mortelle, elles peuvent se faire sentir à la substance de l'âme, par des touches et des contacts pleins de suavité. Cette communication appartient aux sentiments spirituels, dont nous parlerons plus loin, Dieu aidant.

C'est là, en effet, que tend cet écrit : je veux dire à la divine union de l'âme avec la substance divine. Nous en traiterons au moment où nous parlerons de l'intelligence mystique, confuse et obscure, qui nous reste à expliquer. Nous montrerons comment, par le moyen de cette connaissance amoureuse et obscure, Dieu s'unit à l'âme en un degré sublime et tout divin. En effet, cette connaissance amoureuse et obscure qui n'est pas différente de la foi, sert en cette vie de moyen à l'union divine, à peu près comme la lumière de gloire sert en l'autre vie de moyen à la claire vision de Dieu.

Parlons maintenant des visions de substances corporelles reçues spirituellement dans l'âme. Elles ressemblent aux visions perçues par les sens corporels. De même que les yeux voient les objets corporels au moyen de la lumière naturelle, de même l'âme voit intérieurement par l'entendement, au moyen de la lumière surnaturelle dérivée de Dieu dont nous avons parlé, ces mêmes objets corporels, ou d'autres, si Dieu le veut ainsi. Il y a cependant une différence dans la manière dont la vision s'opère.

Les visions spirituelles et intellectuelles ont lieu beaucoup plus clairement et plus subtilement que les corporelles. Quand Dieu veut accorder cette faveur à une âme, il lui communique la lumière surnaturelle dont nous parlons, qui lui permet de voir avec une très grande facilité et dans une clarté merveilleuse les choses que Dieu veut lui montrer, soit dans le ciel, soit sur la terre, sans que leur absence ou leur présence y apporte obstacle ou concours. Parfois l'on dirait qu'une porte lumineuse s'ouvre soudain et qu'un éclair apparaît, illuminant une nuit sombre et montrant distinctement les objets, puis se retire, les replongeant dans l'obscurité, en sorte toutefois que les formes et les figures des objets aperçus demeurent gravées dans l'imagination. Ceci se produit pour l'âme d'une manière beaucoup plus parfaite que dans la comparaison dont nous venons de nous servir. Les choses qu'elle a vues en esprit dans cette lumière restent admirablement imprimées en elle. Chaque fois qu'elle y donne son attention, elle les voit en elle-même comme elle les a vues la première fois, de même qu'on voit dans un miroir autant de fois qu'on y jette les yeux les formes qui s'y trouvent. Tellement que les formes des choses, ainsi contemplées, ne s'effacent jamais entièrement de l'âme, bien qu'avec le temps elles paraissent comme un peu plus lointaines.

Ces visions produisent dans l'âme une quiétude, une illumination, une allégresse pleine de gloire, jointes à la suavité, à la pureté, à l'amour, à l'humilité, avec une inclination et une élévation de l'esprit vers Dieu : tout cela en des degrés divers. Parfois c'est l'un des effets qui domine, parfois c'est un autre, suivant l'esprit qui les reçoit et suivant le bon plaisir de Dieu. (La Montée du Carmel 2.24)

12. Ce sont ces touches que l'épouse sollicitait dans les Cantiques en disant : 'Qu'il me donne un baiser de sa bouche', etc. (Ct 1,1). C'est une faveur si intime que cette touche de la Divinité, et l'âme y aspire avec tant d'ardeur qu'elle la met au-dessus de toutes les autres faveurs que Dieu lui accorde. Aussi, après toutes celles qu'elle a célébrées dans les Cantiques, elle ne se déclare pas satisfaite et soupire après le divin contact. 'Qui me donnera, dit-elle, ô mon frère, toi qui suces le sein de ma mère, de te trouver dehors et de te baiser, afin que désormais nul ne me méprise' (Ct 8, 1) ? Par où elle donne à entendre qu'elle réclame cette communication que Dieu fait purement par lui-même, en dehors de tout le créé. Ces mots : 'Toi qui suces le sein' veulent dire : toi qui dessèches les mamelles des appétits et des affections de la partie sensitive. Ceci se réalise quand, dans la liberté de l'esprit, sans que la partie sensitive puisse y mettre obstacle, sans que le démon puisse y contredire, l'âme jouit avec délices et dans une paix profonde de ces biens. Le démon aurait la hardiesse de s'insurger à l'encontre, qu'il n'y réussirait pas ; car, encore une fois, il est incapable même de percevoir ces divines touches que l'amoureuse substance de Dieu produit dans la substance de l'âme. (La Nuit Obscure 2.23)

Il faut se persuader que ces touches divines ne sont pas seulement licites, mais qu'elles sont indispensables, que nous pouvons les solliciter et les accueillir comme une des composantes de la vie mystique. Et plus nous serons petits, «

anéantis », plus nous éprouverons sensiblement les « choses révélées aux plus petits ».

Le Pape au Pérou nous dit des paroles bouleversantes.

« Merci à Monseigneur David, pour ses paroles de bienvenue. Merci à Arturo et à Margarita de partager avec nous tous leurs expériences. Ils nous disaient : ''Vous nous visitez sur cette terre, si oubliée, blessée et marginalisée… mais nous sommes la terre de personne''. Merci de le dire : nous ne sommes la terre de personne. Et c'est quelque chose qu'il faut dire avec force : vous n'êtes la terre de personne. Cette terre a des noms, elle a des visages : elle vous a, vous.

Cette région est désignée par ce très beau nom : Mère de Dieu. Je ne peux m'empêcher de me référer à Marie, jeune fille qui vivait dans un village éloigné, perdu, considéré également par beaucoup comme une ''terre qui n'appartenait à personne''. C'est là qu'elle a reçu la salutation la plus grande dont une personne puisse faire l'expérience : être Mère de Dieu ; il y a des joies que seuls les tout-petits peuvent sentir (« Père, Seigneur du ciel et de la terre, je proclame ta louange, ce que tu as caché aux sages et aux savants, tu l'as révélé aux tout- petits » (Mt 11, 25).

Vous avez en Marie, non seulement un témoin à regarder, mais aussi une Mère. Et là où il y a une mère, il n'y a pas ce mal terrible de sentir que nous n'appartenons à personne, ce sentiment qui naît quand commence à disparaître la certitude que nous appartenons à une famille, à un peuple, à une terre, à notre Dieu. Chers frères, la première chose que je voudrais vous dire – et je voudrais le faire avec force -, c'est que cette terre n'est pas orpheline, c'est la terre de la Mère ! Et s'il y a une mère, il y a des enfants, il y a une famille et il y a une communauté. Et là où il y a une mère, une famille et une communauté, les problèmes peuvent ne pas disparaître, mais il est certain qu'on trouve la force de les affronter d'une manière différente. » (Voyage apostolique du Pape François au Chili et au Pérou, 15-22 janvier 2018 : Rencontre avec la population. Salut du Saint-Père, Institut Jorge Basadre - Puerto Maldonado, vendredi 19 janvier 2018.)

Marie est présente dans la Bible de la Genèse à l'Apocalypse, ce que ne voient pas les protestants. Car, comme le demandait Philippe à l'Éthiopien : « Comprends-tu vraiment ce que tu lis ? » (Ac 8, 30) Nous possédons tous une grille de lecture, des lunettes teintées de doctrine qui font que nous ne voyons pas forcément toute la richesse polymorphe d'un texte. Beaucoup d'autres ont sondé les Écritures avant nous, pendant deux millénaires, et l'Esprit a éclairé à la manière d'une lampe-loupe d'un joaillier des facettes de la Lettre qui demeureront toujours innombrables. Marie est un diamant très pur que nous pouvons placer sous nos yeux pour enrichir notre vision de toutes les réalités possibles. Aussi, bien des allégories et des images sont venues à nos pères dans la foi pour traduire des préfigurations de la Mère du Sauveur. L'une d'elle est le Buisson Ardent.

« Le buisson que Moïse voit brûler sans se consumer sur l'Horeb, est interprété par les Pères de l'Église comme une image de Marie qui enfante le Christ, feu divin. Au centre d'une étoile à huit pointes apparaît l'image de la Mère de Dieu, " pierre détachée de la montagne " avec l'échelle de Jacob (qui unit le ciel et la terre et le temple-église qui, comme la Vierge Marie contient Jésus). Le losange bleu vert est la partie du buisson qui ne brûle pas ; le losange rouge représente les flammes avec les symboles des quatre évangélistes. Tout autour, les anges tenant à la main un symbole de la Vierge (Hymne acathiste) : aux quatre angles, les prophéties sur la Mère de Dieu ; le buisson-ardent de Moïse, le séraphin qui purifie les lèvres d'Isaïe, la porte fermée du temple qui indique à Ezéchiel la virginité de Marie et l'échelle de Jacob. Au centre, en bas, l'arbre de Jessé. " Puis un rameau sortira du tronc d'Isaïe, et un rejeton naîtra de ses racines ".(Is 11,1) » 1

Les images non-faites de main d'homme

LES IMAGES NON FAITES DE MAIN D'HOMME SONT PRODUITES PAR LE RAYONNEMENT DE LA LUMIÈRE

Il est étonnant que la révélation du visage du Saint Suaire se soit faite par le moyen de la photographie, terme dont l'étymologie grecque photo graphein, signifie 'écrire avec la lumière'. L'image a été produite par un flash de la lumière incréée lorsque le corps de Jésus a traversé le linge. Le dessin est produit par une brûlure variant d'intensité. Alors, une telle modification de la lumière a de quoi perturber la datation au carbone 14 qui nous laisse sur notre foi. On peut, bien sûr, la traduire d'une manière plus moderne en Occident.

Le lieu même où s'est formée la « photo » de Jésus, qui est le Saint-Sépulcre pour les Occidentaux ou l'Anastasis, c'est-à-dire la Résurrection, pour les Orientaux, voit tous les ans se reproduire un miracle qui dure depuis plus de mille ans. Le jaillissement du feu nouveau depuis le tombeau du Christ. Il faut absolument le voir en vidéo sur YouTube en attendant un reportage mené par des scientifiques, qui doit sortir bientôt.[4]

L'image non faite de main d'homme de la Vierge Marie

Il faut d'abord mentionner les apparitions de Zeitun au Caire, dont les caractéristiques sont vraiment singulières.
Elle apparaît à de grandes foules (le seul précédent est la danse du soleil à Fatima), ce qui laisse présager d'autres apparitions collectives de grande ampleur et nous renseigne sur le plan divin envers l'humanité et en lui, le rôle capital de Marie.
Elle est visible par tous au lieu de n'être vue que par les seuls « voyants ».
Elle est filmée et photographiée, ce qui atteste d'une présence objective.

---

[4] 2 https://www.youtube.com/watch?v=vsqmfWxdTfc

Elle est une « photophanie » en même temps qu'une mariophanie, c'est-à-dire une manifestation lumineuse. Cependant on ne peut distinguer les traits de son visage.

Evêques et patriarches, la hiérarchie ecclésiastique, ont été témoins directs des apparitions.

Marie se penche sur l'humanité, ici chrétiens et musulmans sont rassemblés. À un voyant elle a dit : « Le temps viendra où tout le monde me verra, les uns avec les yeux du corps, les autres avec les yeux du cœur. » Elle nous aime et elle est là toujours présente. Efforçons- nous de la percevoir avec les yeux du cœur, au moyen des capacités inouïes de notre âme que nous gardons en sommeil, soit par paresse spirituelle et négligence, soit parce que nous ne savons pas que nous les possédons.

Mais venons-en à l'image de Marie non-faite de main d'homme. Il s'agit, bien entendu du poncho de Juanito de Guadalupe au Mexique.

Les yeux de Marie

Ils ont fonctionné comme un appareil photo au moment où Juan Diego a déplié son poncho pour remettre à l'évêque les roses que la Vierge lui a demandé de cueillir sur la colline alors que c'était le plein hiver.

« Les études d'Aste Tosmann sont le point culminant – provisoirement - d'une longue saga de recherches effectuées sur les yeux de la Vierge de Guadalupe. Une histoire qui a commencé en 1929, quand le photographe officiel de l'ancienne Basilique de Guadalupe découvre dans la pupille de la Patronne du Mexique le reflet d'un homme barbu, avec les caractéristiques d'un Espagnol.

En 1951, le photographe José Carlos Salinas Chávez, examinant de près une photographie du visage de la Vierge, redécouvre dans les yeux de la Vierge le reflet du buste d'un homme barbu. Plus tard, en 1956 et 1958, le Dr Lavoignet, célèbre ophtalmologiste, note quelque chose d'unique : les yeux de la Vierge paraissent « vivants », reflétant la lumière de l'ophtalmoscope, ce qu'aucune autre peinture ne pourrait produire. Il découvre aussi l'image d'un buste humain dans la cornée des deux yeux et sur la face antéro-postérieure du cristallin.

En 1962, un optométriste, le Dr Walbing, a montré que la Vierge est présente de manière invisible, dans le lieu où saint Juan Diego a montré sa tilma à l'évêque Zumarraga, comme un signe que « la dame voulait qu'il construise une chapelle en son honneur sur la colline du Tepeyac ». L'image est restée imprimée sur la tilma et ses yeux reflètent quatre personnes. C'est en 1975 que Aste Tosmann entreprend de nouvelles recherches et examine, avec des appareils à haute définition, une bonne photographie (prise de l'original) du visage sur la tilma pour aboutir, des années plus tard, à des découvertes étonnantes : reflétées dans les yeux de la Vierge, il y a jusqu'à 13 personnes, censées être celles que la divine image a préservées pour se présenter comme l'impératrice des Amériques et comme la protectrice de la relation familiale.

Une découverte supplémentaire est venue s'ajouter à tout l'immense travail que les spécialistes ont effectué sur les yeux de la Vierge de Guadalupe. En 1991, le Dr Padilla a également vu des veines dans les pupilles et les yeux de la dame qui, en raison de ses dimensions gynécologiques, est enceinte. En outre, les constellations de son manteau sont celles qui correspondent au 12 décembre 1531, vues du ciel, pas de la terre. » Le plus incroyable est que l'image est vivante, elle demeure en permanence à la température d'un corps humain et si on l'ausculte au stéthoscope on peut entendre le battement d'un cœur.

DEMEURER DANS LE SEIN DE MARIE

Un soir, le Père Daniel-Ange dit à son cousin Baudouin, le Roi des Belges : « Je te souhaite de passer une bonne nuit dans les bras de Marie. » Celui-ci corrigea : « Dans le sein de Marie ! » Quelle connaissance et quelle expérience de l'union à Marie devait avoir ce saint roi pour affirmer une telle réalité !

La mystique, entre régression et passion sublimatoire

Nous allons d'abord lire une étude de Jean-Baptiste Lecuit,[5] sur les interprétations psychanalytiques qui risquent d'empoisonner la vie d'un

---

[5] 3 Jean-Baptiste Lecuit 99, rue des Stations 59000 Lille, France jblecuit.at.nordnet.fr

mystique qui cherche à comprendre ce qu'il vit, surtout s'il ne l'a pas recherché. Et cette étude peut apporter quelques lumières aux pères spirituels qui sont mis en situation de discerner ce que vit un mystique.

« Le peu d'estime de Freud pour la mystique n'est pas le dernier mot de l'approche psychanalytique de ce phénomène, ainsi qu'en témoignent les réflexions d'auteurs   comme C. Parat, S. de Mijolla-Mellor ou A. Vergote. Je veux montrer ici comment la réduction freudienne de la mystique à une régression au narcissisme primaire peut être relativisée et prolongée par la prise en compte de la passion sublimatoire animant certaines figures mystiques, et de la dimension amoureuse interpersonnelle de leur vie de foi.

L'opposition freudienne entre mystique et religion

À l'opposé de son estime pour la spiritualisation qu'apporte l'interdit de la représentation de Dieu dans la religion biblique (voir notamment l'homme Moïse et la religion monothéiste), Freud assimile la mystique à une régression au narcissisme primaire. Ainsi dans « Le malaise dans la culture », où il examine le rapport entre la religion et le sentiment océanique, forme d'expérience mystique dont lui parlait son ami Romain Rolland dans une lettre de 1927, en la tenant pour très répandue. L'entendant comme le sentiment d'une absence de frontières et d'un lien avec la totalité des choses, Freud l'interprète comme résultant de la conservation du « sentiment du moi primaire »□ (Freud, 1930, p. 253, cf.p. 249s.), lequel correspond à l'état précédant, en chacun, la différenciation entre le moi et le monde extérieur. Mais il lui refuse le statut de source de la religion que R. Rolland lui attribue. C'est seulement après l'apparition de la religion que le sentiment océanique a pu être relié à cette dernière, l'une et l'autre ayant en commun d'être des tentatives de consolation et de déni des menaces du monde extérieur. Freud se déclare étranger à une telle expérience, et à l'époque même où il rédige son essai, il écrit à son ami : « Combien me sont étrangers les mondes dans lesquels vous évoluez ! La mystique m'est aussi fermée que la musique (Lettre à Romain Rolland du 20/07/1929, Freud, 1873-1939). On peut même parler d'un mépris pour la mystique, ainsi que cela transparaît dans quelques textes ou dans sa correspondance□ : « Pourquoi quitter votre base solide pour vous précipiter... ? » Certes Freud, dans « Le malaise dans la culture », n'assimile pas explicitement le sentiment océanique à une expérience mystique, mais deux éléments au moins vont dans ce sens : la confidence à R. Rolland citée à l'instant, et la référence à un autre de ses amis pour qui ce type de sentiment est un fondement « de nombreuses sagesses relevant de la mystique» (Freud, 1930, p. 259.) Puisque le sentiment océanique relève aux yeux de Freud de la « restauration du narcissisme illimité », c'est-à-dire de la régression au narcissisme primaire, à la fusion avec la mère, le sentiment océanique « renvoie à un modèle fusionnel... », il doit en être de même avec la mystique. L'étrangeté de Freud à cette dernière peut du même coup être interprétée comme relevant de sa crainte envers la figure maternelle, crainte qui serait d'ailleurs également à l'œuvre dans l'étrangeté à la musique qu'il associe lui-même à son étrangeté à la mystique (Cf. Sédat, 2002a, p. 123).

« Mystique, l'obscure autoperception du royaume extérieur au moi, du ça » est l'une des ultimes annotations de Freud (Note du 22 août 1938. Freud, 1921-1938). Elle semble s'écarter de l'interprétation de la mystique en termes de régression, pour lui préférer l'idée d'une perception en soi-même de la présence et de la puissance du ça. Mais on peut rapprocher les deux interprétations en estimant que la régression au narcissisme primaire est de l'ordre d'une « fusion régressive avec la mère imaginaire telle qu'elle demeure présente dans le ça » (Cf. J. Sédat)

Il n'est donc pas trop schématique de dire que pour Freud, la religion relève essentiellement du rapport au père et de la spiritualisation qu'il implique, et à ce titre s'oppose clairement à la mystique, qui relève de la régression au narcissisme primaire. Cela dit, que Freud ait une piètre estime de la mystique, en comparaison de la religion, n'enlève rien à son opposition à cette dernière en tant qu'elle implique « intimidation de l'intelligence », fixation dans l'infantilisme, et « inclusion dans un délire de masse » (Freud, 1930, p. 272). Certes, le fait bien connu qu'il la considère comme une illusion implique seulement qu'elle trouve sa motivation fondamentale dans l'« accomplissement de désir » (Wunscherfüllung) – principalement celui d'être protégé de la détresse infantile –, et non qu'elle soit une erreur. Mais dans la mesure où, pour des raisons extra-psychanalytiques, il la tient pour infondée, elle peut être considérée comme « l'analogue d'une idée délirante » (Freud, 1927, p. 172). Sur les racines philosophiques.... La critique est donc beaucoup plus profonde que ne le laisserait supposer une focalisation hâtive sur le caractère non nécessairement erroné de l'illusion : certes, il ne s'agit pas « de prendre position sur la valeur de vérité des doctrines religieuses », mais de montrer qu'elles sont psychologiquement des illusions ; toutefois, ajoute Freud, « cette mise à découvert influence puissamment aussi notre position » sur la question de cette vérité (Ibid., p. 174).

Mystique fusionnelle, ou interpersonnelle ?

Il est notable que Freud, qui appuyait ses recherches sur de très abondantes lectures, ait malgré tout fait « l'économie d'une exégèse des textes dans lesquels et par lesquels l'homme religieux a " formé " et " éduqué " sa croyance », comme l'a souligné Paul Ricœur (Ricœur, 1965, p. 522). Plus récemment, S. de Mijolla-Mellor... La lecture attentive des écrits des mystiques, notamment, aurait pu le conduire à prendre en compte le caractère dynamique de leur vie de foi, selon une histoire qui n'est pas a priori réductible à la simple répétition de l'infantile, mais suppose une longue et difficile transformation des désirs et des représentations. Dans la mystique chrétienne, cette transformation vise notamment à développer un amour interpersonnel envers un Dieu lui-même reconnu comme personnel, et même interpersonnel (au sens trinitaire : les trois « personnes » du Père, du Fils et de l'Esprit dans l'unité d'un unique sujet divin, qui peut de ce fait être reconnu comme père, comme amant-aimé, comme hôte intérieur, sans que ces trois pôles soient exactement superposables aux trois personnes). C'est ainsi que le « Cantique des cantiques », poème d'amour entre une « bien-aimée » et son « bien-aimé », n'a cessé d'être intériorisé et commenté par les auteurs spirituels, comme poème d'amour réciproque entre Dieu et le croyant. Parce qu'elle est mieux connue et documentée en Occident, c'est cette

forme de mystique que je prends principalement en compte, en soulignant sa dimension amoureuse interpersonnelle, qui en est un trait distinctif. »[6]

Que l'auteur, que nous remercions au passage, nous pardonne d'avoir un peu élagué son texte et de ne pas avoir cité la suite sur la sublimation, qui est un argument très acceptable et qui à notre humble avis, trouve sa place dans la transformation psychique de tout cheminement mystique.

Cependant nous voudrions aller plus loin, car le sujet revêt une importance considérable pour évaluer ou auto-évaluer un état mystique comme l'union intime, ressenti, perçu sensiblement dans la voie de la mystique mariale. La Mère étant au cœur de notre étude. Nous allons essayer de traduire en terme simple un concept de la psychanalyse que l'observation attentive rend pertinent.

---

[6] https://www.cairn.info/revue-adolescence1-2008-1-page-143.htm

Celui des stades du développement de la libido et du choix d'objet d'amour. Le lecteur se reconnaîtra et pourra en tirer profit dans la connaissance de lui-même, qu'il suive une voie mystique ou non.

Stades	Âges (ans)	Zones érogènes	Tâches majeures du développement	Fixation à ce stade
Stade oral	0 à 1	Bouches, lèvres, langue.	Sevrage	Comportement oral, fumer, trop manger, sarcasme
Stade anal	1 à 3	Anus	Apprentissage de la propreté	Ordre, parcimonie, obstination ou l'inverse
Stade phallique	3 à 5	Parties génitales	Complexe d'Oedipe	Vanité, insouciance, et l'inverse
Période de latence	5 à 12	Aucune zone particulière	Développement des mécanismes de défense	Aucune fixation ne survient à ce stade habituellement
Stade génital	13 à 18	Parties génitales	Maturité de l'intimité sexuelle	Si les stades précédents ont été intégrés, les adultes sont équilibrés

Ce tableau s'appuie sur les études de Freud, mais aussi de Piaget et Wallon que nous apprécions beaucoup. Mais il est bien sommaire et propose une évolution où il faudrait distinguer entre fixation et « marquage ». C'est toute la différence entre pathologie et tendances de la personnalité. Si vous êtes marqués par le stade oral, vous aurez tendance à compenser sur la nourriture, une fixation dans ce stade donnera une pathologie boulimique ou anorexique. Un adulte qui aurait intégré et dépassé les stades du développement d'une manière parfaite, ça n'existe pas. Autrement dit, quand on nous dit de quelqu'un que c'est une personne équilibrée, nous devons voir. D'une manière plus réaliste et sur une longue vie, nous nous demanderons : où est sa faille ? Vous savez par quel stade vous êtes marqué quand vous faites face à la frustration : que désirez-vous alors ? Vous faire un bon resto, taper dans les murs, vous mutiler ?

Pour cette étude nous avons visionné plusieurs vidéos d'interprètes de la chanson : Je vous salue Marie. La tendance à la mélancolie et l'anorexie de

Françoise Hardy sont visibles à l'œil nu. Sans être un cas pathologique, elle est marquée par le stade oral, par le désir de fusion qui ne peut aboutir qu'à ce constat : il n'y a pas d'amour heureux ! Pour qu'il y ait un couple, pour qu'il y ait un 'nous', il faut d'abord qu'il y ait un Je et un Tu. Or, Mélanie Klein distingue deux époques dans le stade oral, le second étant sadique oral : je veux manger ma mère, je veux la mordre ; dans le langage amoureux : je vais te croquer, je vais te bouffer, je veux t'intégrer en moi… Le résultat, c'est que tu disparaîtras. Il n'y aura pas d'altérité possible. Françoise Hardy adolescente rêvait de se faire religieuse. Rêve de cloître, de sublime océanique. Que se serait-il passé si elle était devenue religieuse ? Elle aurait tenu un certain temps puis aurait 'bouffé du curé' toute sa vie, écrivant des livres-croisades contre les religieuses, et elle aurait cherché du côté de l'Inde. Mais si elle avait « viré mystique » comme on dit ? Après une période de douceur et d'épanchement amoureux vers Dieu et de caresses divines ressenties, elle serait tombée dans la nuit, dans un tunnel dont le Moi ne ressort pas vivant, où Dieu se serait révélé non seulement comme autre, mais comme le Tout-Autre. La douce lumière aurait cédé la place à la Ténèbre Divine, qui est une lumière inaccessible. À l'issue de ces nuits, elle serait sortie transformée tout en gardant sa personnalité marquée par l'oralité, mais devenue capable d'altérité. C'est pour nous la définition de l'adulte. Quelqu'un capable d'altérité. L'autre n'est pas moi, je ne suis pas un autre, je suis moi responsable et autonome qui choisis d'aimer et de me donner. C'est toute la Petite Thérèse, que la psychanalyse considère comme un cas d'école de régression orale.

Il faut en finir avec l'explication freudienne de la vie mystique. Saint Ignace de Loyola n'a rien d'oral et quand il régresse au début de son parcours, c'est dans le stade sadique anal avec des scrupules obsessionnels. Le Padre Pio ! Typiquement marqué par le stade phallique, gardera ce tempérament de soldat ! Vous avez observé ce stade chez vos enfants à qui vous essayez de faire passer vos idées pacifistes et qui ne veulent comme cadeau qu'un pistolet ou une mitraillette, qui cherchent la bagarre. Nous pourrions faire une galerie de portraits pour montrer que l'explication des extases et des états mystiques par la régression orale ne tient absolument pas la route.
L'explication réside dans l'existence du Dieu vivant et sa Providence qui intervient dans nos vies. La grâce est tout, et elle n'est pas seulement objet d'espérance et de foi, elle est objet d'expérience.

Il faut bien sûr évoquer les faux mystiques, ceux qui par pathologie donc plus ou moins conscients de ce qu'ils font, imitent, dissimulent, mentent et se font passer pour mystiques. À leur décharge, nous dirons que la crédulité du monde est sans borne et que le besoin d'idéalisation est tel que l'on est prêt à prendre des vessies pour des lanternes. Qu'un évêque fasse reclure une mystique qui pratique l'inédie pendant quinze jours, dans une chambre d'hôpital surveillée par des caméras, est tout à fait légitime. Nous avons bien connu le cas de Rolande, qui est restée des dizaines d'années sans s'alimenter. La pesée quotidienne fut concluante. Le test clinique doit aussi être confirmé par une cohérence avec l'élévation spirituelle et la pratique des vertus. Mais la plupart des mystiques cherchent à vivre une vie cachée et n'attendent aucune reconnaissance. Ils habitent la Vérité.

Pour en finir avec la psychanalyse nous dirons que le Père Kolbe et surtout Grignion de Montfort étaient marqués par le stade phallique. Les vrais doux sont souvent d'anciens gros durs. La force physique de saint Louis-Marie était légendaire, il pouvait soulever une pierre tombale comme Obélix le faisait avec un menhir, il était un bagarreur infatigable. Et ses livres sont comme du miel, même si au premier regard ils ont le goût amer de l'abnégation. L'expression 'la confiture des croix', nous fera toujours rire. Saint Bernard et saint François de Sales sont aussi des doux-durs que l'histoire retient comme mellifues, qui distillent le miel.

TÉMOIGNAGE D'UN MYSTIQUE

« Expérience du sentiment océanique :
Je peux facilement mettre en évidence les différences entre le sentiment océanique et l'habitation dans le sein de Marie parce que j'ai fait l'expérience des deux. Et je peux d'emblée poser la conclusion que les deux états sont diamétralement opposés et que cette opposition est celle entre la mystique hindoue et la mystique chrétienne.
J'ai fait l'expérience du sentiment océanique lorsque j'avais quinze ans. C'était un soir d'été dans la montagne, j'étais seul en pleine nature et je connus un moment d'un intense bonheur ou la conscience d'être moi, seul, séparé, s'est comme dissoute comme un morceau de sucre dans le café. J'étais tout et tout était un, le ciel et la terre, le visible et l'invisible, j'avais conscience des énergies de la terre et de celles des plantes, j'avais la connaissance immédiate

C'est la première fois dans ma vie, que j'ai fait l'expérience de la proximité de la mère auprès de son enfant malade.

Pour en revenir à ma mère, dans le bouddhisme, Kwun Yam est également l'image d'une reine Pacifique qui soulage la douleur de l'humanité. Je me demandais si elles étaient toutes deux la même mère. Mais Notre Dame m'a montré qu'elle est vraiment ma mère et m'aide à être une enfant apaisée par ses soins et sa consolation. »

Ce dernier témoignage pose une question importante qui nous invite à établir les différences fondamentales qui existent entre le Féminin Divin, dont on parle beaucoup aujourd'hui, et la dévotion à la Vierge Marie. Pour beaucoup, le culte marial est un réinvestissement des mythes païens et donc une retombée dans l'idolâtrie. Ils n'ont pas tort sur un point : tous les mythes antiques qui habitent l'inconscient collectif, les croyances et les cultes païens sont résumés dans la personne du Christ pour les assumer et les dépasser, pour y mettre une fin, comme le montre si bien René Girard. La Messe devrait être la fin de tous les sacrifices humains, à commencer par les guerres. Les Pères appellent Jésus *synthesis*, synthèse finale. Il en va de même pour la Vierge Marie. Au commencement étaient la Terre, Gaïa, et l'eau, Ganga pour les hindous. Tout vient de la terre, notre mère, la Pacha Mamma, et tout retourne à la terre. La femme nous donne la vie et finit par nous engloutir. Le culte de la déesse mère est la source de toutes les cultures, même patriarcales. La femme donne la vie et donne la mort, comme Kali la noire. Elle satisfait le désir des hommes pour les dépouiller, elle offre ses enfants à la mort pour fertiliser. Et Marie va accompagner cette offrande du Premier-né pour que plus jamais elle ne se reproduise, parce qu'il est le Sauveur du monde qui met fin aux sacrifices. Marie au lieu de tuer l'homme, l'exalte et le glorifie. Kwun Yam est un ancien dieu aux mille bras qui s'est transformé en femme pour être intégré au panthéon du bouddhisme populaire, qui est loin de la philosophie du Gautama Bouddha. Elle est appelée miséricordieuse, mais c'est seulement envers les femmes qu'elle exerce sa bonté. Elle les venge des hommes. On dit en cantonais qu'un homme appartient à Kwun Yam quand il aime une femme qui ne l'aimera jamais, qui le dépouillera de tous ses biens. Elle a son homologue en Thaïlande. Les jeunes filles la prient avec beaucoup de ferveur pour rencontrer un étranger riche à qui elles feront croire qu'elles sont amoureuses. L'étranger très flatté et en manque d'amour et de jeunesse, se dépouille peu à peu de tous ses biens, leur construit une maison, dote les enfants, leur paye des études et vient le jour de la vengeance où elles avouent n'avoir jamais aimé l'étranger. Il n'a plus qu'à partir détruit et ruiné. Un très bon reportage sur ce phénomène est disponible sur YouTube5. Nous connaissons dans notre entourage de jeunes hommes fous amoureux d'une Thaïlandaise, qui leur envoient régulièrement de grosses sommes d'argent. Ce qu'ils ignorent c'est que l'amoureuse en question possède plusieurs autres « pigeons ». Pour elle, ce n'est pas immoral, les étrangers doivent être punis pour leur ignorance des lois de la déesse. On peut dire que dans notre culture se fait jour un changement profond qui transforme les femmes en hommes pour se venger de siècles de soumission. C'est un dévoiement du féminisme. La Sainte Vierge est regardée par elles de travers !

Ce que donne la déesse doit être payé très cher, ce n'est jamais gratuit, elle ne veut pas que de l'argent et elle veut détruire les âmes. L'âme est l'unité de monnaie dans le paganisme et le satanisme.

Par contraste, on peut voir émerger Celle qui est toute petite, une petite mendiante d'amour pour son Fils, pleine de grâces, pleine de gratuité, qui donne la vie et veut que toutes les âmes soient sauvées.

L'ESPRIT SAINT TE COUVRIRA DE SON OMBRE

Les chrétiens ignorent la signification de l'expression « couvrir de son ombre ». En effet, elle est typiquement sémitique. Que signifie-t-elle ? L'ombre n'a rien à voir avec le concept psychologique qui véhicule une connotation négative comme lorsque l'on parle de la « part d'ombre de quelqu'un ». Elle n'est ni négative ni positive. L'ombre est la projection que produit soit la lumière soit le mal. L'ombre de la mort c'est déjà la mort, c'est tout ce que contient la mort qui se diffuse sur la personne. L'ombre que produit le soleil c'est sa lumière rendue supportable, comme atténuée pour être allégée de sa chaleur et de son éblouissement. De saint Joseph on dira qu'il est l'ombre du Père, cela signifie que la paternité divine lui sera infusée d'une manière « tamisée » afin qu'il puisse être un vrai père pour l'humanité de Jésus. On appellera la Sainte Famille, particulièrement dans l'École de spiritualité française, issue du Carmel, la Petite Trinité sur la terre. Marie est l'ombre de l'Esprit, Joseph l'ombre du Père et Jésus les unira tous les deux en même temps qu'il unira la Trinité Céleste et la Trinité Terrestre et l'amour circulera entre les membres de la Sainte Famille comme au sein de la Trinité.

Sainte-Famille de Nazareth, Petite Trinité sur la terre, Jésus Dieu sur la terre,
Marie épouse de l'Esprit, Joseph ombre du Père,
rendez-nous semblables à vous.
Petite Trinité sur la terre, Joseph mourant d'amour pour Marie, Marie mourant
d'amour pour Jésus, Jésus mourant d'amour pour le monde,
rendez-nous semblables à vous.

Le latin d'église a donné le verbe subombrer, on parle de subombrage, pour « couvrir de son ombre ». Cette notion est plus familière au judaïsme, particulièrement dans sa mystique. Elle rejoint notre communion des saints. La communion des saints doit être conçue et vécue comme une communication entre les saints et nous, ceux qui sont au ciel et ceux qui sont sur la terre. Cette communication se fait par l'Esprit dans notre esprit. Elle participe de la communion du Saint-Esprit. Les juifs reconnaissent la présence de l'âme, de la neshama, d'un tsadiq, d'un juste du passé, souvent au sein de la famille dans l'âme d'une personne, enfant ou adulte. Ce subombrage se reconnaît à ce qu'une connaissance et les vertus d'un saint sont comme infusées dans son bénéficiaire. On peut dire par exemple que Marthe Robin a été couverte par l'ombre de la Petite Thérèse. Jean-Baptiste était couvert par l'ombre d'Élie, il n'était pas Élie en même temps qu'il était l'Élie qui doit venir. Élisée était couvert lui aussi par l'ombre d'Élie puisqu'il reçut une double part de son esprit. Les tenants de la réincarnation s'appuient sur ces exemples bibliques pour soutenir leur thèse. Mais c'est une confusion à laquelle bien des chrétiens adhèrent aujourd'hui. La réalité est plus belle. Un saint peut nous couvrir de son ombre pour que nous finissions ce qu'il n'a pas pu réaliser dans son existence terrestre et que nous poursuivions sa mission.

Il est légitime de demander à un saint d'être couvert de son âme. S'il nous exauce, son ombre s'attachera à nous et il nous communiquera de sa sainteté. Avant d'écrire ces pages nous avant prié Grignion de Montfort de nous couvrir de son nombre afin que nous transmettions le charisme qui lui est propre et unique dans l'Église. On peut penser à juste titre que Jean-Paul II était couvert par l'ombre de ce saint pour qu'il poursuive sa mission.

L'ombre de saint Pierre guérissait les malades

« On en venait à sortir les malades dans les rues, on les plaçait sur des lits ou des civières, afin que Pierre, au passage, touche au moins l'un ou l'autre de son ombre. » (Ac 5, 15) Nous arrivons à cet oxymore de l'ombre lumineuse, l'ombre qui est un rayonnement. Ce qui nous rappelle la nuée, le nuage qui éclairait pendant la nuit et guidait le peuple dans son exode. Cette nuée a été beaucoup commentée par les Pères, car elle figure les deux natures du Christ. L'alliance de l'eau et du feu, de la divinité et de l'humanité. La nuée était faite d'une colonne de feu enveloppée d'une colonne de vapeur d'eau, d'un nuage.
Citons quelques passages bibliques pour nous rappeler ce qu'il en est dit.
« On vit le nuage couvrir leur camp de son ombre protectrice et la terre sèche surgir là où il y avait de l'eau auparavant ; au milieu de la mer Rouge apparut un chemin praticable, les flots impétueux firent place à une plaine verdoyante » (Sg 19,7).
« Qui habite le secret d'Élyôn passe la nuit à l'ombre de Shaddaï » (Ps 91,1).
« Garde-moi comme la prunelle de l'œil, cache-moi à l'ombre de tes ailes » (Ps 17,8).

« Comme un pommier au milieu des arbres de la forêt, tel est mon bien-aimé parmi les jeunes hommes. J'ai désiré m'asseoir à son ombre, et son fruit est doux à mon palais » (Ct 2,3).

« Au-dessus de l'arche, les chérubins de gloire couvraient de leur ombre le propitiatoire » (He 9,5).

Et comment ne pas citer le récit de la Transfiguration ?

« Au moment où ces hommes se séparaient de Jésus, Pierre lui dit : Maître, il est bon que nous soyons ici, dressons trois tentes, une pour toi, une pour Moïse, et une pour Élie. Il ne savait ce qu'il disait. Comme il parlait ainsi, une nuée vint les couvrir et les disciples furent saisis de frayeur en les voyant entrer dans la nuée. Et de la nuée sortit une voix, qui dit : Celui-ci est mon Fils élu, écoutez-le!… » (Lc 9, 33-35)

REGINA COELORUM REGINA ANGELORUM

« Les Anges sont comme un écoulement et un petit ruisseau de la première Lumière ; ce sont les secondes splendeurs au service de la première Splendeur. » (Saint Grégoire de Nazianze)

Marie est la Reine des anges. C'est un fait d'expérience que l'union mystique à Marie nous rend sensible à l'existence et la manifestation du monde angélique. Elle éveille en quelque sorte notre curiosité sur cette sphère qui s'étend de la terre au ciel et soudain notre mémoire semble réveillée. Alors de nombreux versets et d'épisodes de l'histoire sainte nous reviennent. Ils sont partout, de la Genèse à l'Apocalypse. Des épisodes de notre vie sont éclairés d'une lumière nouvelle et nous nous souvenons que dans telle ou telle circonstance de notre vie, particulièrement dans des moments de danger, les anges sont intervenus en notre faveur. Dans son enquête sur l'existence des anges gardiens, qui s'est vendue à plus d'un million d'exemplaires, Pierre Jovanovic rapporte d'innombrables interventions angéliques. Nous confessons que Dieu est le Créateur du monde visible et invisible. Le monde visible est tellement beau, mais il peut s'enrichir de la vision ou de la perception du monde invisible qui est lumineux, harmonieux et si agréable à entendre si nous recevons cette grâce. Pour l'avoir entendu pendant une visite de la Reine du Ciel nous pouvons dire qu'ils sont à la limite du supportable pour l'oreille humaine, tellement leurs voix sont haut perchées. Une expression nous est tout de suite venue à l'esprit : la musique des sphères dont parle Pythagore en termes mathématiques. Nous pouvons en avoir une petite idée en écoutant une vidéo YouTube qui par des moyens électroniques produit une musique qui s'en approche.[7] Des compositeurs, comme Thomas Tallit, en utilisant des chœurs d'enfants qui chantent *in paradisium* atteignent des effets sonores qui élèvent l'âme et lui font toucher la nature angélique. Le sublime est fait de pureté et de clarté à la limite des capacités humaines… mais c'est là que l'ange commence.

Témoignage sur l'intervention des anges

« Nous roulions dans un 4X4 sur une étroite piste africaine qui longeait un précipice impressionnant et s'accoudait à une falaise abrupte. Nous nous croyions seuls dans ce lieu désert d'une impressionnante beauté, soulevant la poussière sur notre passage. Nous discutions avec le chauffeur qui était musulman et sa conduite était particulièrement dangereuse, car il était tellement pris par la conversation qu'il regardait les passagers plutôt que la route. Tout à coup, un virage en épingle à cheveux et un bus qui roulait à vive allure, comme tous les bus en Afrique, se précipita à notre rencontre. Comme dans ce genre de situation le temps se ralentit, on a le temps de voir arriver l'accident et puis soudain, le temps fut suspendu, le bus - nous avait-il traversés comme si nous étions immatériels ? - continua sa route. Nous sommes descendus de voiture, étonnés ou plutôt ahuris, silencieux jusqu'à ce que le chauffeur prononce ces mots : c'est un miracle. Le temps de contempler l'abîme, la paroi abrupte et l'étroitesse de la route, nous avons constaté que les traces de roues se croisaient !!! Nous avons, bien sûr, pris une photo. Les anges existent ! Des enfants qui priaient pour leurs parents partis en voyage ne se retrouvèrent pas orphelins ce jour-là. »

« Les anges sont des esprits, mais ce n'est pas parce qu'ils sont des esprits qu'ils sont des anges. Ils deviennent des anges quand ils sont envoyés en mission. En effet, le nom d'ange fait référence à leur fonction et non à leur nature. Si vous voulez savoir le nom de leur nature, ce sont des esprits ; si vous voulez savoir le

---

[7] A choir of angels https://www.youtube.com/watch?v=hOVdjxtnsH8&t=1830s

nom de leur fonction, ce sont des anges, ce qui signifie messager. » (Saint Augustin, Ps 103,1,15)

« Pourquoi la création et la sanctification des anges ? Où tendaient, dans la pensée de Dieu, ces magnifiques manifestations de lumière et d'amour ? Dieu voulait les associer en définitive à son bonheur et à son œuvre de lumière et d'amour. Un bonheur ineffable, qui glorifie Dieu, voilà bien le but de la création et de la sanctification angélique, comme de la nôtre. De ce bonheur, les bons anges jouissent depuis un nombre de siècles que nous ne connaissons point ; et depuis l'origine de l'humanité, ils travaillent avec Dieu à nous le faire partager. Les mauvais anges n'ont pas cessé non plus et ne cesseront qu'au dernier jour du monde de travailler contre cette œuvre des bons anges et de Dieu. C'est ce rôle des bons et des mauvais anges qu'il nous reste à méditer, soit à l'égard de Dieu, - soit entre eux, - à l'égard des hommes, - et à l'égard du monde inférieur. » (Père Charles Sauvé 1901)

« C'eût été peu de chose pour l'ange d'être créé dans la perfection de ses facultés naturelles, s'il n'eût été élevé à l'état de grâce. Le Créateur daigna donner ce cachet de perfection suprême au premier et au plus bel ouvrage de ses mains. D'un même coup, dit saint Augustin, la nature fut créée et la grâce répandue dans les esprits angéliques. Ils étaient faits pour une béatitude surnaturelle : dès le premier moment de leur existence, ils furent mis en voie de parvenir à cette béatitude, qui consiste en la vision intuitive de Dieu. Si cette vision est au-dessus des facultés naturelles de l'homme, elle n'est pas moins au-dessus des facultés naturelles de l'ange. Pas plus que l'homme, il ne pouvait franchir le voile où Dieu se cache que par le mouvement surnaturel de la grâce. Il lui fallait, ainsi qu'à nous, les vertus gratuites de foi, d'espérance et de charité, sans lesquelles aucune créature ne peut aspirer et prétendre à la gloire du ciel.
Dieu donna donc aux esprits angéliques, en les créant, la grâce ; il leur donna les vertus surnaturelles qui en sont la résultante nécessaire. Il déposa en eux cette semence de gloire et de béatitude. Il les mit en relation d'amitié avec lui-même. Ce que fut l'infusion de la grâce en ces purs esprits, il est impossible même de le concevoir. Ne trouvant en eux aucun obstacle, pénétrant librement en ces natures diaphanes, elle se répandit du centre de leur être dans leurs nobles facultés comme un fleuve de splendeurs. Se référant à cette infusion de vie surnaturelle, saint Augustin a dit des anges cette belle parole : Aussitôt faits, ils furent faits lumière, ut facti sunt, lux facti sunt. Car la première Lumière

s'était épanchée en ces esprits comme l'éclat du soleil dans un diamant, elle en avait fait autant de foyers de lumière.

Ils ne jouissaient pas de la vision de Dieu ; mais ils étaient comme plongés dans l'ombre lumineuse où il se cache ; ils le connaissaient par la foi, dans le mystère de la Trinité des Personnes, avec une clairvoyance que nous n'avons pas. Ils ne possédaient pas Dieu ; et toutefois Dieu siégeait en eux comme sur le trône du haut duquel il présidait au reste de la création. »

TÉMOIGNAGE
Les anges racontés à mes petits-enfants (et à tout le monde)

« Mes chers petits-enfants, vous me posez souvent des questions qui amènent à d'autres questions sur la vie et sur Dieu. Récemment, vous m'avez fait raconter des interventions des anges dans ma vie et à ce propos je voudrais vous raconter l'histoire des anges, qui ils sont et à quoi ils servent. Vous regardez beaucoup de films et de dessins animés, vous jouez aux jeux vidéo et même si je n'aime pas beaucoup ça, je me suis rendu compte que toutes les histoires se résument à un même scénario : la lutte entre le bien et le mal, des gens qui disposent de super pouvoirs pour faire le bien et d'autres pour faire le mal. Finalement, même si les créateurs de ces scénarios ne croient pas en Dieu, mais pas tous, ils racontent ces histoires. Ils sont influencés par ce qui se passe sur la terre et dans le ciel, un combat entre des forces qui s'opposent et à la fin le bien triomphe toujours du mal, après bien des épisodes, comme dans Star Wars. Vous avez, chacun de vous, un ange qui veille sur vous, mais aussi des esprits qui vous font faire des cauchemars et qui vous poussent à faire le mal que vous ne voulez pas faire, car au fond vous ne voulez que le bien.

Les anges sont des esprits, c'est-à-dire des êtres invisibles, mais qui peuvent quand même nous apparaître. En tous cas, on peut sentir leur présence. Ce sont des créatures de Dieu comme nous, mais ils ne sont pas faits de matière, ils sont faits de lumière, les bons comme les méchants. Avant de créer le ciel et la terre et les hommes ainsi que les animaux, avant de créer le soleil et la lune qui éclairent le ciel et la terre, le tout premier jour, Dieu créa la lumière. C'est le big-bang ! Une lumière aussi intense et brûlante qu'on ne peut l'imaginer. C'était il y a 13,8 milliards d'années. De cette lumière il créa les anges, ne me demandez pas pourquoi, je sais juste qu'il en avait besoin pour poursuivre la création et la perfectionner. Ces anges étaient et sont d'une intelligence suprême. Le plus bête des anges est bien plus intelligent qu'Einstein et les grands génies de l'humanité. Quand ils ont pris conscience de leur existence, ils se sont trouvés les uns les autres très beaux et très intelligents. Ils comprenaient tous les mystères du monde, toutes les lois qui le régissent, de l'infiniment grand à l'infiniment petit. Mais ils réalisèrent aussi que des anges étaient plus moins intelligents et ils s'organisèrent en neuf groupes. Le plus intelligent des intelligents s'appelait Lucifer, ce qui veut dire 'porteur de lumière'. Ils réalisèrent aussi qu'ils étaient l'œuvre de Dieu et ils se tournèrent vers Lui pour le remercier. Ils se mirent tous à chanter et à se prosterner vers le Big Boss, même Lucifer qui deviendra Satan. Mais s'ils avaient l'intelligence de qui est le Maître du monde, celui-ci habitait un lieu inaccessible, comme dans vos films. Et ils se disaient entre eux qu'ils auraient voulu le voir face à face et qu'ainsi ils en recevraient une connaissance plus grande encore. Dieu leur fit savoir qu'il allait se montrer au moins en partie et tenir une réunion où il expliquerait la suite de son plan. Ce jour arriva, mais une catastrophe se passa. Les anges découvrirent la Trinité, Dieu était amour. Or, ils ignoraient l'amour, ils étaient libres et possédaient une volonté. Donc un ange qui le décide peut commencer à aimer. Mais l'amour c'est se donner, s'abaisser, se renoncer à soi-même pour faire du bien à l'autre. Lucifer se fâcha, s'abaisser : jamais ! En plus, Dieu révéla son plan de créer l'homme et que la mission des anges serait de servir les hommes, en servant Dieu et son projet d'amour. Lucifer se dit que Dieu était tombé sur la tête, qu'il allait tout gâcher. Ce qu'il avait fait jusqu'alors révélait une intelligence parfaite, mais là il se trompait. Il y eut donc une révolte dans la cour céleste comme il y en a dans tous les gouvernements. Lucifer prit la tête de la révolte et un tiers des anges le suivit. Ils vénérèrent

Lucifer comme leur nouveau dieu et se dirent qu'il allait défendre leurs intérêts. Ils devinrent donc des anges rebelles, autrement dit des démons. Les démons ont déclaré la guerre à Dieu et cette guerre continue et continuera jusqu'à la fin du monde, jusqu'à la victoire finale de Dieu. Les démons essayent donc de pourrir tous les bons plans de Dieu. Et quand Dieu créa l'homme, Lucifer prit la forme d'un serpent. Il avait reconnu que la femme serait plus aimante, moins égoïste que l'homme, et c'est pour cela que le serpent s'adressa à Ève en lui disant qu'il fallait désobéir à Dieu. Car ce grand égoïste voulait garder toute l'intelligence, toute la science pour lui : « Vous deviendrez comme des dieux, dit-il à Ève, quand vous aurez mangé du fruit de l'arbre de la connaissance du bien et du mal. » Et comme la Reine méchante qui veut être plus belle que Blanche Neige, il lui donna la pomme empoisonnée qui allait apporter la mort. Dans la vraie histoire, le Prince Charmant c'est Jésus qui nous attire à lui pour nous délivrer de l'influence du serpent. Et Dieu, dans son plan, avait choisi par avance une femme qui écraserait la tête du serpent et cette femme c'est Marie. Alors le diable est toujours persuadé qu'il va gagner et qu'il régnera pour les siècles des siècles en recrutant des hommes qu'il trompe pour être dans son armée. Vous vous êtes rendu compte qu'il y a le heavy metal, et des hommes et des femmes qui font un pacte avec lui, car ils sont persuadés que c'est lui qui va gagner. Ils organisent des Hellfest, des fêtes de l'enfer. Mais c'est le Christ qui régnera à jamais et la Reine du Ciel est toute choisie, la Mère du Bel amour, la Vierge Marie. Voilà pourquoi il faut beaucoup aimer Marie qui nous assiste dans le combat de la vie. Est-ce que vous avez compris pourquoi, chaque fois qu'on part en voyage, on invoque les anges en chantant « Grand Chef des Milices célestes », ou « Il a donné pour toi ordre à ses anges de te garder en toutes tes voies » ? L'ange de votre grand-mère a beaucoup de travail quand elle prend la route ! Mais vous aimez surtout chanter BeShem ha shem…cette prière que les juifs récitent tous les soirs trois fois de suite avant de se coucher :

BeShem ha Shem Eloheï Israel
Mi mini Mikhaël oumismoli Gavriel
Ou le phanaï Uriel et m'arochaï Rephael Veal roshi, ve al roshi shekhinat El
Au nom du Seigneur le Dieu d'Israël
À ma droite Michaël et à ma gauche Gabriel Et devant moi Uriel et derrière moi Raphaël Et au-dessus de ma tête la Présence de Dieu. »[8]

Auguste Reine des Cieux, souveraine Maîtresse des Anges, vous qui, dès le commencement, avez reçu de Dieu le pouvoir et la mission d'écraser la tête de Satan, nous vous le demandons humblement, envoyez vos Légions célestes pour que, sous vos ordres, et par votre puissance, elles poursuivent les démons, les combattent partout, répriment leur audace et les refoulent dans l'abîme.

Qui est comme Dieu ?

O bonne et tendre Mère, vous serez toujours notre amour et notre espérance. O divine Mère, envoyez les saints Anges pour me défendre et repousser loin de moi le cruel ennemi. Saints Anges et Archanges, défendez-nous, gardez-nous.

---

[8] Vous pouvez l'entendre en suivant ce lien https://www.youtube.com/watch?v=uGpXDbsXDy4 Et avec l'accent des juifs orthodoxes https://www.youtube.com/watch?v=Kk5VMn1o4OY

Prière indulgenciée par Saint Pie X, le 8 juillet 1908

L'IMMACULÉE CONCEPTION

« Tu es toute belle, mon amie, tu es toute belle et il n'y a pas de tache en toi »

Pour une compréhension renouvelée du péché originel

« Les déséquilibres qui travaillent le monde moderne sont liés à un déséquilibre plus fondamental, qui prend racine dans le cœur même de l'homme. C'est en l'homme lui-même, en effet, que de nombreux éléments se combattent. D'une part, comme créature, il fait l'expérience de ses multiples limites ; d'autre part, il se sent illimité dans ses désirs et appelé à une vie supérieure. Sollicité de tant de façons, il est sans cesse contraint de choisir et de renoncer. Pire : faible et pécheur, il accomplit souvent ce qu'il ne veut pas et n'accomplit point ce qu'il voudrait. En somme, c'est en lui-même qu'il souffre division… » (Gaudium et Spes, 10)

Le péché originel est-il une maladie sexuellement transmissible ?

Nous sommes *bios*, vie, et la vie demeurera un mystère jusqu'à la rencontre finale. Cet acide qu'est l'ADN contient tellement d'informations, de mémoires qui sont codées génétiquement ! Mais il se peut bien que notre conscience, elle-même aussi mystérieuse que la vie, communique avec un inconscient collectif qui contient un mal qui nous dépasse infiniment. L'une d'entre nous a fait cette expérience incroyable, mais tellement significative : « Lors d'un séjour en Afrique j'ai rencontré une jeune femme chrétienne, très sympathique qui souffrait d'un problème d'allergie. Dès qu'elle essayait de manger de la viande, son corps se couvrait d'eczéma et la crise durait plusieurs jours « même s'il y a la moindre trace de viande venant d'un bouillon prêt à l'emploi et que je ne le sais pas, je fais cette réaction » dit-elle. Je précise que cette jeune femme exerçait une profession médicale et étudiait la psychologie en vue de pratiquer la relation d'aide. Je lui proposai de prier sur elle après le repas. À peine en prière, je vis clairement son arbre généalogique. Il était très compliqué, car tels frères et sœurs n'étaient pas du même père. Et je pus voir les secrets de famille des branches et des sous-branches. Elle notait fébrilement. Je vis aussi les grâces et les vocations religieuses qu'il y avaient eues dans cette famille. Mais le problème venait d'une grand-mère qui avait pratiqué le cannibalisme dans le cadre d'une pratique magique. C'est encore bien réel en Afrique. Ces révélations furent confrontées à la réalité et la vérité fut dite, ce qui entraîna des réconciliations en cascade et des guérisons. Quant à la jeune femme, elle fut radicalement guérie. Nous sommes toujours en contact depuis sept ans que cette rencontre a eu lieu. »

Ce témoignage est important, car il est clair, il n'est pas isolé non plus. Il montre comment une faute grave est héritée et travaille la mémoire à notre insu, dans cette conscience qui nous échappe et qui nous rend solidaires du mal, mais aussi du bien. Car la rencontre fut guidée par Dieu, prévue par lui pour cette famille dont plusieurs membres avouèrent souffrir de la même allergie.

Nous tentons de donner des éléments de réponses, mais il est très difficile d'expliquer le problème du mal et du désordre qui règnent en chacun de nous et dans toute l'humanité par le péché originel. Il est un fait, nous pouvons le constater. Mais le rationaliser, nous ne pouvons pas le faire complètement. Même le Catéchisme de l'Église Catholique ne se montre convainquant que si nous sommes déjà croyants et que nous avons la foi en la plénitude de vérité qui réside dans l'Église. Citons le Catéchisme qui fait une admirable synthèse entre saint Augustin, saint Thomas d'Aquin et le concile de Trente.

« Le péché originel – une vérité essentielle de la foi
Avec la progression de la Révélation est éclairée aussi la réalité du péché. Bien que le Peuple de Dieu de l'Ancien Testament ait connu d'une certaine manière

la condition humaine à la lumière de l'histoire de la chute narrée dans la Genèse, il ne pouvait pas atteindre la signification ultime de cette histoire, qui se manifeste seulement à la lumière de la Mort et de la Résurrection de Jésus-Christ (cf. Rm 5, 12-21). Il faut connaître le Christ comme source de la grâce pour connaître Adam comme source du péché. C'est l'Esprit- Paraclet, envoyé par le Christ ressuscité, qui est venu "confondre le monde en matière de péché" (Jn 16, 8) en révélant Celui qui en est le Rédempteur.

La doctrine du péché originel est pour ainsi dire "le revers" de la Bonne Nouvelle que Jésus est le Sauveur de tous les hommes, que tous ont besoin du salut et que le salut est offert à tous grâce au Christ. L'Église qui a le sens du Christ (cf. 1 Co 2, 16) sait bien qu'on ne peut pas toucher à la révélation du péché originel sans porter atteinte au mystère du Christ.

Pour lire le récit de la chute

Le récit de la chute (Gn 3) utilise un langage imagé, mais il affirme un événement primordial, un fait qui a eu lieu au commencement de l'histoire de l'homme (cf. GS 13, § 1). La Révélation nous donne la certitude de foi que toute l'histoire humaine est marquée par la faute originelle librement commise par nos premiers parents (cf. Cc. Trente : DS 1513 ; Pie XII : DS 3897 ; Paul VI, discours 11 juillet 1966).

La chute des anges

Derrière le choix désobéissant de nos premiers parents il y a une voix séductrice, opposée à Dieu (cf. Gn 3, 4-5) qui, par envie, les fait tomber dans la mort (cf. Sg 2, 24). L'Écriture et la Tradition de l'Église voient en cet être un ange déchu, appelé Satan ou diable (cf. Jn 8, 44 ; Ap 12, 9). L'Église enseigne qu'il a été d'abord un ange bon, fait par Dieu. "Le diable et les autres démons ont certes été créés par Dieu naturellement bons, mais c'est eux qui se sont rendus mauvais" (Cc. Latran IV en 1215 : DS 800).

L'Écriture parle d'un péché de ces anges (cf. 2 P 2, 4). Cette "chute" consiste dans le choix libre de ces esprits créés, qui ont radicalement et irrévocablement refusé Dieu et son Règne. Nous trouvons un reflet de cette rébellion dans les paroles du tentateur à nos premiers parents : "Vous deviendrez comme Dieu" (Gn 3, 5). Le diable est "pécheur dès l'origine" (1 Jn 3, 8), "père du mensonge" (Jn 8, 44).

C'est le caractère irrévocable de leur choix, et non un défaut de l'infinie miséricorde divine, qui fait que le péché des anges ne peut être pardonné. "Il n'y a pas de repentir pour eux après la chute, comme il n'y a pas de repentir pour les hommes après la mort" (S. Jean Damascène, f. o. 2, 4 : PG 94, 877C).

L'Écriture atteste l'influence néfaste de celui que Jésus appelle "l'homicide dès l'origine" (Jn 8, 44), et qui a même tenté de détourner Jésus de la mission reçue du Père (cf. Mt 4, 1-11). "C'est pour détruire les œuvres du diable que le Fils de Dieu est apparu" (1 Jn 3, 8). La plus grave en conséquence de ces œuvres a été la séduction mensongère qui a induit l'homme à désobéir à Dieu.

La puissance de Satan n'est cependant pas infinie. Il n'est qu'une créature, puissante du fait qu'il est pur esprit, mais toujours une créature : il ne peut empêcher l'édification du Règne de Dieu. Quoique Satan agisse dans le monde par haine contre Dieu et son Royaume en Jésus-Christ, et quoique son action cause de graves dommages – de nature spirituelle et indirectement même de nature physique – pour chaque homme et pour la société, cette action est permise par la divine Providence qui avec force et douceur dirige l'histoire de l'homme et du monde. La permission divine de l'activité diabolique est un grand mystère, mais "nous savons que Dieu fait tout concourir au bien de ceux qui l'aiment" (Rm 8, 28).

Le péché originel - L'épreuve de la liberté
Dieu a créé l'homme à son image et l'a constitué dans son amitié. Créature spirituelle, l'homme ne peut vivre cette amitié que sur le mode de la libre soumission à Dieu. C'est ce qu'exprime la défense faite à l'homme de manger de l'arbre de la connaissance du bien et du mal, "car du jour où tu en mangeras, tu mourras" (Gn 2, 17). "L'arbre de la connaissance du bien et du mal" (Gn 2, 17) évoque symboliquement la limite infranchissable que l'homme, en tant que créature, doit librement reconnaître et respecter avec confiance. L'homme dépend du Créateur, il est soumis aux lois de la création et aux normes morales qui règlent l'usage de la liberté.

Le premier péché de l'homme

L'homme, tenté par le diable, a laissé mourir dans son cœur la confiance envers son Créateur (cf. Gn 3, 1-11) et, en abusant de sa liberté, a désobéi au commandement de Dieu. C'est en cela qu'a consisté le premier péché de l'homme (cf. Rm 5, 19). Tout péché, par la suite, sera une désobéissance à Dieu et un manque de confiance en sa bonté.

Dans ce péché, l'homme s'est préféré lui-même à Dieu, et par là même, il a méprisé Dieu : il a fait choix de soi-même contre Dieu, contre les exigences de son état de créature et dès lors contre son propre bien. Constitué dans un état de sainteté, l'homme était destiné à être pleinement "divinisé" par Dieu dans la gloire. Par la séduction du diable, il a voulu "être comme Dieu" (cf. Gn 3, 5), mais "sans Dieu, et avant Dieu, et non pas selon Dieu" (S. Maxime le Confesseur, ambig. : PG 91, 1156C).

L'Écriture montre les conséquences dramatiques de cette première désobéissance. Adam et Ève perdent immédiatement la grâce de la sainteté originelle (cf. Rm 3, 23). Ils ont peur de ce Dieu (cf. Gn 3, 9-10) dont ils ont conçu une fausse image, celle d'un Dieu jaloux de ses prérogatives (cf. Gn 3, 5).

L'harmonie dans laquelle ils étaient, établie grâce à la justice originelle, est détruite ; la maîtrise des facultés spirituelles de l'âme sur le corps est brisée (cf. Gn 3, 7) ; l'union de l'homme et de la femme est soumise à des tensions (cf. Gn 3, 11-13) ; leurs rapports seront marqués par la convoitise et la domination (cf. Gn 3, 16). L'harmonie avec la création est rompue : la création visible est devenue pour l'homme étrangère et hostile (cf. Gn 3, 17. 19). À cause de l'homme, la création est soumise "à la servitude de la corruption" (Rm 8, 20). Enfin, la conséquence explicitement annoncée pour le cas de la désobéissance (cf. Gn 2, 17) se réalisera : l'homme "retournera à la poussière de laquelle il est formé" (Gn 3, 19). La mort fait son entrée dans l'histoire de l'humanité (cf. Rm 5, 12).

Depuis ce premier péché, une véritable "invasion" du péché inonde le monde : le fratricide commis par Caïn sur Abel (cf. Gn 4, 3-15) ; la corruption universelle à la suite du péché (cf. Gn 6, 5. 12 ; Rm 1, 18-32) ; de même, dans l'histoire d'Israël, le péché se manifeste fréquemment, surtout comme une infidélité au Dieu de l'alliance et comme transgression de la Loi de Moïse ;

après la Rédemption du Christ aussi, parmi les chrétiens, le péché se manifeste de nombreuses manières (cf. 1 Co 1-6 ; Ap 2-3). L'Écriture et la Tradition de l'Église ne cessent de rappeler la présence et l'universalité du péché dans l'histoire de l'homme :

"Ce que la révélation divine nous découvre, notre propre expérience le confirme. Car l'homme, s'il regarde au-dedans de son cœur, se découvre également enclin au mal, submergé de multiples maux qui ne peuvent provenir de son Créateur, qui est bon. Refusant souvent de reconnaître Dieu comme son principe, l'homme a, par le fait même, brisé l'ordre qui l'orientait à sa fin dernière, et en même temps, il a rompu toute harmonie, soit par rapport à lui-même, soit par rapport aux autres hommes et à toute la création" (GS 13, § 1).

Conséquences du péché d'Adam pour l'humanité

Tous les hommes sont impliqués dans le péché d'Adam. St Paul l'affirme : "Par la désobéissance d'un seul homme, la multitude (c'est-à-dire tous les hommes) a été constituée pécheresse" (Rm 5, 19) : "De même que par un seul homme le péché est entré dans le monde et par le péché la mort, et qu'ainsi la mort est passée en tous les hommes, du fait que tous ont péché..." (Rm 5, 12). À l'universalité du péché et de la mort l'apôtre oppose l'universalité du salut dans le Christ : "Comme la faute d'un seul a entraîné sur tous les hommes une condamnation, de même l'œuvre de justice d'un seul (celle du Christ) procure à tous une justification qui donne la vie" (Rm 5, 18).

À la suite de St Paul, l'Église a toujours enseigné que l'immense misère qui opprime les hommes et leur inclination au mal et à la mort ne sont pas compréhensibles sans leur lien avec le péché d'Adam et le fait qu'il nous a transmis un péché dont nous naissons tous affectés et qui est "mort de l'âme" (cf. Cc. Trente : DS 1512). En raison de cette certitude de foi, l'Église donne le Baptême pour la rémission des péchés même aux petits enfants qui n'ont pas commis de péché personnel (cf. Cc. Trente : DS 1514).

Comment le péché d'Adam est-il devenu le péché de tous ses descendants ? Tout le genre humain est en Adam "comme l'unique corps d'un homme unique" (St Thomas d'A., mal. 4, 1) Par cette "unité du genre humain" tous les hommes sont impliqués dans le péché d'Adam, comme tous sont impliqués dans la justice du Christ. Cependant, la transmission du péché originel est un mystère que nous ne pouvons pas comprendre pleinement. Mais nous savons par la Révélation qu'Adam avait reçu la sainteté et la justice originelles non pas pour lui seul, mais pour toute la nature humaine : en cédant au tentateur, Adam et Ève commettent un péché personnel, mais ce péché affecte la nature humaine qu'ils vont transmettre dans un état déchu (cf. Cc. Trente : DS 1511-1512). C'est un péché qui sera transmis par propagation à toute l'humanité, c'est-à-dire par la transmission d'une nature humaine privée de la sainteté et de la justice originelles. Et c'est pourquoi le péché originel est appelé "péché" de façon analogique : c'est un péché "contracté" et non pas "commis", un état et non pas un acte.

Quoique propre à chacun (cf. Cc. Trente : DS 1513), le péché originel n'a, en aucun descendant d'Adam, un caractère de faute personnelle. C'est la privation de la sainteté et de la justice originelles, mais la nature humaine n'est pas totalement corrompue : elle est blessée dans ses propres forces naturelles, soumise à l'ignorance, à la souffrance et à l'empire de la mort, et inclinée au péché (cette inclination au mal est appelée "concupiscence"). Le Baptême, en donnant la vie de la grâce du Christ, efface le péché originel et retourne l'homme vers Dieu, mais les conséquences pour la nature, affaiblie et inclinée au mal, persistent dans l'homme et l'appellent au combat spirituel.

La doctrine de l'Église sur la transmission du péché originel s'est précisée surtout au cinquième siècle, en particulier sous l'impulsion de la réflexion de St Augustin contre le pélagianisme, et au seizième siècle, en opposition à la Réforme protestante. Pélage tenait que l'homme pouvait, par la force naturelle de sa volonté libre, sans l'aide nécessaire de la grâce de Dieu, mener une vie moralement bonne ; il réduisait ainsi l'influence de la faute d'Adam à celle d'un mauvais exemple. Les premiers réformateurs protestants, au contraire, enseignaient que l'homme était radicalement perverti et sa liberté annulée par le péché des origines ; ils identifiaient le péché hérité par chaque homme avec la tendance au mal (concupiscentia), qui serait insurmontable. L'Église s'est spécialement prononcée sur le sens du donné révélé concernant le péché originel au deuxième Concile d'Orange en 529 (cf. DS 371-372) et au Concile de Trente en 1546 (cf. DS 1510-1516).

Un dur combat...

La doctrine sur le péché originel – liée à celle de la Rédemption par le Christ – donne un regard de discernement lucide sur la situation de l'homme et de son agir dans le monde. Par le péché des premiers parents, le diable a acquis une certaine domination sur l'homme, bien que ce dernier demeure libre. Le péché originel entraîne "la servitude sous le pouvoir de celui qui possédait l'empire de la mort, c'est-à-dire du diable" (Cc. Trente : DS 1511 ; cf. He 2, 14). Ignorer que l'homme a une nature blessée, inclinée au mal, donne lieu à de graves erreurs dans le domaine de l'éducation, de la politique, de l'action sociale (cf. CA 25) et des mœurs.

Les conséquences du péché originel et de tous les péchés personnels des hommes confèrent au monde dans son ensemble une condition pécheresse, qui peut être désignéepar l'expression de Saint Jean : "le péché du monde" (Jn 1, 29). Par cette expression on signifie aussi l'influence négative qu'exercent sur les personnes les situations communautaires et les structures sociales qui sont le fruit des péchés des hommes (cf. RP 16).

Cette situation dramatique du monde qui "tout entier gît au pouvoir du mauvais" (1 Jn 5, 19 ; cf. 1 P 5, 8) fait de la vie de l'homme un combat :
"Un dur combat contre les puissances des ténèbres passe à travers toute l'histoire des hommes ; commencé dès les origines, il durera, le Seigneur nous l'a dit, jusqu'au dernier jour. Engagé dans cette bataille, l'homme doit sans cesse combattre pour s'attacher au bien
; et non sans grands efforts, avec la grâce de Dieu, il parvient à réaliser son unité intérieure (GS 37, § 2).

"Tu ne l'as pas abandonné au pouvoir de la mort"

Après sa chute, l'homme n'a pas été abandonné par Dieu. Au contraire, Dieu l'appelle (cf. Gn 3, 9) et lui annonce de façon mystérieuse la victoire sur le mal et le relèvement de sa chute (cf. Gn 3, 15). Ce passage de la Genèse a été appelé "Protévangile", étant la première annonce du Messie rédempteur, celle d'un combat entre le serpent et la Femme et de la victoire finale d'un descendant de celle-ci.

La tradition chrétienne voit dans ce passage une annonce du "nouvel Adam" (cf. 1 Co 15, 21-22. 45) qui, par son "obéissance jusqu'à la mort de la Croix" (Ph 2, 8) répare en surabondance la désobéissance d'Adam (cf. Rm 5, 19-20).

Par ailleurs, de nombreux Pères et Docteurs de l'Église voient dans la femme annoncée dans le "protévangile" la mère du Christ, Marie, comme "nouvelle Ève". Elle a été celle qui, la première et d'une manière unique, a bénéficié de la victoire sur le péché remportée par le Christ : elle a été préservée de toute souillure du péché originel (cf. Pie IX : DS 2803) et durant toute sa vie terrestre, par une grâce spéciale de Dieu, elle n'a commis aucune sorte de péché (cf. Cc. Trente : DS 1573).

Mais pourquoi Dieu n'a-t-il pas empêché le premier homme de pécher ? St Léon le Grand répond : "La grâce ineffable du Christ nous a donné des biens meilleurs que ceux que l'envie du démon nous avait ôtés" (Serm. 73, 4 : PL 54, 396). Et St Thomas d'Aquin : "Rien ne s'oppose à ce que la nature humaine ait été destinée à une fin plus haute après le péché. Dieu permet, en effet, que les maux se fassent pour en tirer un plus grand bien. D'où le mot de St Paul : "Là où le péché a abondé, la grâce a surabondé" (Rm 5, 20). Et le chant de l'"Exultet" : "O heureuse faute qui a mérité un tel et un si grand Rédempteur" (St Thomas d'A., s. th. 3, 1, 3, ad 3 ; l'Exsultet chante ces paroles de saint Thomas).

En bref

"Dieu n'a pas fait la mort, il ne se réjouit pas de la perte des vivants (...). C'est par l'envie du diable que la mort est entrée dans le monde" (Sg 1, 13 ; 2, 24).

Satan ou le diable et les autres démons sont des anges déchus pour avoir librement refusé de servir Dieu et son dessein. Leur choix contre Dieu est définitif. Ils tentent d'associer l'homme à leur révolte contre Dieu.

"Établi par Dieu dans un état de sainteté, l'homme séduit par le Malin, dès le début de l'histoire, a abusé de sa liberté, en se dressant contre Dieu et en désirant parvenir à sa fin hors de Dieu" (GS 13, § 1).

Par son péché, Adam, en tant que premier homme, a perdu la sainteté et la justice originelles qu'il avait reçues de Dieu non seulement pour lui, mais pour tous les humains.

À leur descendance, Adam et Ève ont transmis la nature humaine blessée par leur premier péché, donc privée de la sainteté et la justice originelles. Cette privation est appelée "péché originel".

En conséquence du péché originel, la nature humaine est affaiblie dans ses forces, soumise à l'ignorance, à la souffrance et à la domination de la mort, et inclinée au péché (inclination appelée "concupiscence").

"Nous tenons donc, avec le Concile de Trente, que le péché originel est transmis avec la nature humaine, 'non par imitation, mais par propagation', et qu'il est ainsi 'propre à chacun' " (SPF 16).

La victoire sur le péché, remportée par le Christ, nous a donné des biens meilleurs que ceux que le péché nous avait ôtés : "La où le péché a abondé, la grâce a surabondé" (Rm 5, 20).

"Pour la foi des chrétiens, ce monde a été fondé et demeure conservé par l'amour du Créateur ; il est tombé, certes, sous l'esclavage du péché, mais le Christ, par la Croix et la Résurrection, a brisé le pouvoir du Malin et l'a libéré..." (GS 2, § 2).

En chaque homme se rejoue le drame adamique

Le Père Michel Souchon, jésuite, écrit :

« Une époque marquée par l'individualisme
Je me demande si l'individualisme qui marque notre culture ne nous rend pas insensibles à l'idée biblique de notre responsabilité - pour le meilleur et pour le pire - à l'égard de l'humanité comme corps. Lorsque l'Écriture nous dit que Dieu s'est incarné en Jésus-Christ, nous pensons spontanément qu'il est devenu un homme entre des milliards, qu'il a pris une humanité particulière, nous avons du mal à comprendre que son incarnation intéresse toute l'humanité et marque un tournant radical de l'Histoire. »

Adam à la lumière de notre solidarité en Christ

C'est parce que Jésus apporte le salut à tous les hommes que Paul, en regard et, pour ainsi dire, en négatif, présente Adam comme apportant le péché à toute l'humanité. Il faut comprendre notre solidarité en Adam à la lumière de notre solidarité en Christ. C'est en référence à l'universalité du salut en Jésus-Christ que Paul présente Adam, la figure de l'universalité du péché de l'humanité : "Comme par la faute d'un seul, ce fut pour tous les hommes la condamnation, ainsi par l'œuvre de justice d'un seul, c'est pour tous les hommes la justification qui donne la vie" (Rm 5,18).

Si cette idée d'héritage d'un péché d'origine nous semble inacceptable, ne pouvons-nous pas admettre notre appartenance à une "humanité pécheresse" ? Une humanité qui ne cesse, en tous et en chacun, de faire l'expérience de saint Paul : "Le bien que je veux, je ne le fais pas et le mal que je ne veux pas, je le fais" (Rm 7,15-19). Une humanité qui ne peut être justifiée que par la grâce, l'amour et la miséricorde de Dieu manifestés en Jésus-Christ. »

Il est nécessaire de citer la position orthodoxe qui s'oppose et à la doctrine du péché originel et à celle de l'Immaculée Conception et de l'Assomption. Un billet de Vladimir GOLOVANOW fait clairement le point.

« Nous avons eu plusieurs commentaires très intéressants sur ce sujet à la fin de l'année dernière sur un fil qui traitait d'autre chose. J'ai pensé intéressant d'en faire un billet spécifique, car il s'agit là d'une question assez controversée et donnant lieu à bien des fausses interprétations.

Faisons d'abord une mise au point:

1/ L'Immaculée Conception concerne la conception de la Vierge Marie, la Mère de Dieu, et non celle de Jésus-Christ, dont la conception virginale et sans péché ne fait pas question. Si je le spécifie ainsi, c'est bien parce que cette confusion est assez largement répandue!

2/ Orthodoxes et Catholiques sont d'accord que Marie est immaculée quand elle conçoit et met au monde le Fils de Dieu, et que ceci est l'effet d'une grâce spéciale du Saint-Esprit. Marie fait totalement partie du genre humain, pécheur, mais elle est lavée de tout péché pour l'Incarnation. La différence vient du moment de cette grâce : à la conception de Marie pour les Catholiques, au moment où elle dit "Oui" à l'archange, pour les Orthodoxes, et cela change tout !

L'Église orthodoxe proclame dans ses hymnes "bienheureuse et très pure, toute immaculée Mère de Dieu", "plus vénérable que les chérubins et incomparablement plus glorieuse que les séraphins", sans compter les merveilleux noms qui lui sont donnés dans l'hymne acathiste.

L'Église orthodoxe croit que Marie est immaculée depuis sa conception, mais dans le sens qu'elle n'a jamais commis de péché personnel. Cependant, Marie étant née de l'union charnelle de deux époux, donc, étant de la descendance d'Adam, elle a partagé notre nature déchue en naissant comme nous dans un corps mortel... et donc sous la loi du péché. Certes, Marie a tenu ses pensées,

Même les maisons où apparaissait une tache, étaient considérées comme impures et devaient être purifiées. L'émission de semences masculines en dehors du rapport conjugal est considérée comme une impureté, car elle n'a pas donné naissance à la vie, de même pour le sang des menstrues. L'Évangile qui rapporte la guérison de la femme atteinte de perte de sang montre une foi et une audace incroyables, car non seulement elle se trouve dans la foule, mais en plus elle touche Jésus. Aussi, quand il a demandé : « Qui m'a touché ? » un grand silence dut se faire dans la foule. Du point de vue juif, la déchirure de l'hymen au moment de la naissance de Jésus aurait été une impureté. Pourtant Marie se soumet à la Loi.

Tout contact avec un cadavre nécessitait un lavage du corps et des vêtements. Les Cohen n'ont pas le droit d'entrer dans les cimetières.

EN RÉSUMÉ

Dieu s'est fait homme. Il est vrai homme et vrai Dieu sans mélange ni confusion. Il a pris chair de la Vierge Marie et s'est fait homme. Il n'a pas fait semblant d'être un homme, il a pris notre humanité. Il n'a pas pris une apparence humaine et fait semblant d'être un homme (ce que beaucoup d'hérétiques et de musulmans croient). « Conçu de l'Esprit Saint, né de la Vierge Marie, il a vécu notre condition d'homme en toute chose, excepté le péché. » Autrement dit, il est le Nouvel Adam, né de la Nouvelle Ève, Ève d'avant le péché des origines. Marie même toute sainte, parfaitement sanctifiée ne pouvait que communiquer le péché originel si elle n'avait pas été conçue immaculée. Les sciences et la psychologie modernes nous viennent sérieusement en aide. L'Esprit a dû manier son ciseau à « ADN » pour que toutes les tares et les héritages transgénérationnels n'opèrent pas en elle. On dit que l'ontogenèse résume la phylogenèse, c'est-à-dire que notre ADN est codé pour que l'embryon revive toutes les étapes de l'évolution. Si Marie avait été conçue avec le péché elle aurait procréé avec le péché. L'Immaculée Conception était donc une nécessité et une évidence pour une création nouvelle. Les désordres de la nature humaine sur un plan personnel et collectif, par solidarité avec le genre humain, lui ont été épargnés. Ce qui signifie sur le plan psychologique que la Vierge Marie n'avait pas d'ego. Elle avait un « moi » ou un « je », qui fait qu'elle a pu dire Hineni, voici moi, la servante du Seigneur. Pour parler un langage biblique, l'ego c'est le vieil homme « qui va se corrompant au fil des convoitises décevantes » (Ep 4, 22). C'est le personnage que nous avons construit selon des pulsions, des mécanismes de défense, de protection pour survivre. L'égoïsme est le besoin de tout ramener à soi-même, de satisfaire aux exigences de l'ego, ce petit paranoïaque qui vit en nous et nous fait croire que nous sommes libres quand nous cédons à tous ses caprices et désirs. L'ego est l'ennemi de la sainteté. Complétons notre citation d'Éphésiens : « A savoir qu'il vous faut abandonner votre premier genre de vie et dépouiller le vieil homme, qui va se corrompant au fil des convoitises décevantes, pour vous renouveler par une transformation spirituelle de votre jugement et revêtir l'Homme Nouveau, qui a été créé selon Dieu, dans la justice et la sainteté de la vérité. » (Ep 4, 22-24) L'ego, déicide, est synonyme d'orgueil. Tout enfant porte en lui le projet de conception de ses parents. Marie, dès sa conception porte en elle les projets et le dessein que Dieu a prévus de toute éternité. Ce qui ne fait pas de Marie une extraterrestre. Non, elle est vraiment femme, la fierté de sa race, un être humain avec toute son humanité excepté l'égoïsme et le retour sur soi. Et c'est cette humanité qu'elle a transmise au Fils de l'Homme. Même si elle a été déifiée, comme nous sommes tous appelés à la déification, elle n'est pas l'égale de Dieu, elle n'est pas une déesse, mais une femme. C'est ce qu'a si bien compris Thérèse de Lisieux, à une époque où la Vierge était lointaine comme une déesse de l'Olympe. La mariologie de la Petite Thérèse est d'une justesse théologique extraordinaire, il faut le lire et le relire pour s'en imprégner, relever les expressions qui traduisent la connaissance que tout amoureux de la Vierge doit posséder.

Oh ! je voudrais chanter, Marie, pourquoi je t'aime Pourquoi ton nom si doux fait tressaillir mon cœur Et pourquoi la pensée de ta grandeur suprême
Ne saurait à mon âme inspirer de frayeur. Si je te contemplais dans ta sublime gloire
Et surpassant l'éclat de tous les bienheureux Que je suis ton enfant je ne pourrais le croire O Marie, devant toi, je baisserais les yeux !…

Il faut pour qu'un enfant puisse chérir sa mère
Qu'elle pleure avec lui, partage ses douleurs O ma Mère chérie, sur la rive étrangère
Pour m'attirer à toi, que tu versas de pleurs !… En méditant ta vie dans le saint Évangile
J'ose te regarder et m'approcher de toi Me croire ton enfant ne m'est pas difficile
Car je te vois mortelle et souffrant comme moi…

Lorsqu'un ange du Ciel t'offre d'être la Mère Du Dieu qui doit régner toute l'éternité
Je te vois préférer, ô Marie, quel mystère L'ineffable trésor de la virginité.
Je comprends que ton âme, ô Vierge Immaculée Soit plus chère au Seigneur que le divin séjour
Je comprends que ton âme, Humble et Douce Vallée Peut contenir Jésus, L'Océan de l'Amour !…

Oh ! Je t'aime, Marie, te disant la servante Du Dieu que tu ravis par ton humilité
Cette vertu cachée te rend toute-puissante Elle attire en ton cœur la Sainte Trinité
Alors l'Esprit d'Amour te couvrant de son ombre Le Fils égal au Père en toi s'est incarné…
De ses frères pécheurs bien grand sera le nombre Puisqu'on doit l'appeler : Jésus, ton premier-né !…

O Mère bien-aimée, malgré ma petitesse Comme toi je possède en moi Le Tout-Puissant Mais je ne tremble pas en voyant ma faiblesse : Le trésor de la mère appartient à l'enfant
Et je suis ton enfant, ô ma Mère chérie
Tes vertus, ton amour, ne sont-ils pas à moi ?
Aussi lorsqu'en mon cœur descend la blanche Hostie Jésus, ton Doux Agneau, croit reposer en toi !…

Tu me le fais sentir, ce n'est pas impossible De marcher sur tes pas, ô Reine des élus, L'étroit chemin du Ciel, tu l'as rendu visible
En pratiquant toujours les plus humbles vertus. Auprès de toi, Marie, j'aime à rester petite,
Des grandeurs d'ici-bas, je vois la vanité, Chez Sainte Élisabeth, recevant ta visite, J'apprends à pratiquer l'ardente charité.

Là j'écoute ravie, Douce Reine des anges, Le cantique sacré qui jaillit de ton cœur.
Tu m'apprends à chanter les divines louanges

À me glorifier en Jésus mon Sauveur.

Tes paroles d'amour sont de mystiques roses Qui doivent embaumer les siècles à venir.

En toi le Tout-Puissant a fait de grandes choses Je veux les méditer, afin de l'en bénir.

Quand le bon Saint Joseph ignore le miracle Que tu voudrais cacher dans ton humilité Tu le laisses pleurer tout près du Tabernacle Qui voile du Sauveur la divine beauté !…

Oh ! que j'aime, Marie, ton éloquent silence, Pour moi c'est un concert doux et mélodieux Qui me dit la grandeur et la toute-puissance

D'une âme qui n'attend son secours que des Cieux…

Plus tard à Bethléem, ô Joseph et Marie !

Je vous vois repoussés de tous les habitants Nul ne peut recevoir en son hôtellerie

De pauvres étrangers, la place est pour les grands… La place est pour les grands et c'est dans une étable Que la Reine des Cieux doit enfanter un Dieu.

O ma Mère chérie, que je te trouve aimable Que je te trouve grande en un si pauvre lieu !…

Quand je vois L'Éternel enveloppé de langes Quand du Verbe Divin j'entends le faible cri O ma mère chérie, je n'envie plus les anges

Car leur Puissant Seigneur est mon Frère chéri !… Que je t'aime, Marie, toi qui sur nos rivages

As fait épanouir cette Divine Fleur !…

Que je t'aime écoutant les bergers et les mages Et gardant avec soin toute chose en ton cœur !…

Je t'aime te mêlant avec les autres femmes Qui vers le temple saint ont dirigé leurs pas Je t'aime présentant le Sauveur de nos âmes

Au bienheureux Vieillard qui le presse en ses bras, D'abord en souriant j'écoute son cantique

Mais bientôt ses accents me font verser des pleurs. Plongeant dans l'avenir un regard prophétique Siméon te présente un glaive de douleurs.

O Reine des martyrs, jusqu'au soir de ta vie Ce glaive douloureux transpercera ton cœur Déjà tu dois quitter le sol de ta patrie

Pour éviter d'un roi la jalouse fureur.

Jésus sommeille en paix sous les plis de ton voile

Joseph vient te prier de partir à l'instant Et ton obéissance aussitôt se dévoile
Tu pars sans nul retard et sans raisonnement.

Sur la terre d'Égypte, il me semble, ô, Marie Que dans la pauvreté ton cœur reste joyeux, Car Jésus n'est-Il pas la plus belle Patrie,
Que t'importe l'exil, tu possèdes les Cieux ?... Mais à Jérusalem, une amère tristesse
Comme un vaste océan vient inonder ton cœur Jésus, pendant trois jours, se cache à ta tendresse Alors c'est bien l'exil dans toute sa rigueur !...

Enfin tu l'aperçois et la joie te transporte,
Tu dis au bel Enfant qui charme les docteurs :
« O mon Fils, pourquoi donc agis-tu de la sorte ? Voilà ton père et moi qui te cherchions en pleurs. » Et l'Enfant Dieu répond (oh quel profond mystère !) À la Mère chérie qui tend vers lui ses bras :
« Pourquoi me cherchiez-vous ?... Aux œuvres de mon Père Il faut que je m'emploie ; ne le savez-vous pas ? »

L'Évangile m'apprend que croissant en sagesse À Joseph, à Marie, Jésus reste soumis
Et mon cœur me révèle avec quelle tendresse Il obéit toujours à ses parents chéris.
Maintenant je comprends le mystère du temple, Les paroles cachées de mon Aimable Roi.
Mère, ton doux Enfant veut que tu sois l'exemple De l'âme qui Le cherche en la nuit de la foi.

Puisque le Roi des Cieux a voulu que sa Mère
Soit plongée dans la nuit, dans l'angoisse du cœur ; Marie, c'est donc un bien de souffrir sur la terre ? Oui, souffrir en aimant, c'est le plus pur bonheur !...
Tout ce qu'Il m'a donné Jésus peut le reprendre
Dis-lui de ne jamais se gêner avec moi...
Il peut bien se cacher, je consens à l'attendre Jusqu'au jour sans couchant où s'éteindra ma foi...

Je sais qu'à Nazareth, Mère pleine de grâces
Tu vis très pauvrement, ne voulant rien de plus Point de ravissements, de miracles, d'extases N'embellissent ta vie, ô Reine des Élus !...
Le nombre des petits est bien grand sur la terre Ils peuvent sans trembler vers toi lever les yeux C'est par la voie commune, incomparable Mère qu'il te plaît de marcher pour les guider aux Cieux.

En attendant le Ciel, ô, ma Mère chérie,
Je veux vivre avec toi, te suivre chaque jour Mère, en te contemplant, je me plonge ravie Découvrant dans ton cœur des abîmes d'amour. Ton regard maternel bannit toutes mes craintes Il m'apprend à pleurer, il m'apprend à jouir.
Au lieu de mépriser les joies pures et saintes Tu veux les partager, tu daignes les bénir.

Des époux de Cana voyant l'inquiétude
Qu'ils ne peuvent cacher, car ils manquent de vin Au Sauveur tu le dis dans ta sollicitude
Espérant le secours de son pouvoir divin. Jésus semble d'abord repousser ta prière
« Qu'importe », répond-Il, « femme, à vous et à moi ? » Mais au fond de son cœur, Il te nomme sa Mère
Et son premier miracle, Il l'opère pour toi…

Un jour que les pécheurs écoutent la doctrine De Celui qui voudrait au Ciel les recevoir
Je te trouve avec eux, Marie, sur la colline Quelqu'un dit à Jésus que tu voudrais le voir, Alors, ton Divin Fils devant la foule entière
De son amour pour nous montrer l'immensité
Il dit : « Quel est mon frère et ma sœur et ma Mère, Si ce n'est celui-là qui fait ma volonté ? »

O Vierge immaculée, des mères la plus tendre En écoutant Jésus, tu ne t'attristes pas
Mais tu te réjouis qu'Il nous fasse comprendre Que notre âme devient sa famille ici-bas
Oui tu te réjouis qu'Il nous donne sa vie, Les trésors infinis de sa divinité !...

Comment ne pas t'aimer, ô ma Mère chérie En voyant tant d'amour et tant d'humilité ?

Tu nous aimes, Marie, comme Jésus nous aime Et tu consens pour nous à t'éloigner de Lui.
Aimer c'est tout donner et se donner soi-même Tu voulus le prouver en restant notre appui.
Le Sauveur connaissait ton immense tendresse Il savait les secrets de ton cœur maternel, Refuge des pécheurs, c'est à toi qu'Il nous laisse
Quand Il quitte la Croix pour nous attendre au Ciel.

Marie, tu m'apparais au sommet du Calvaire Debout près de la Croix, comme un prêtre à l'autel Offrant pour apaiser la justice du Père
Ton bien-aimé Jésus, le doux Emmanuel… Un prophète l'a dit, ô Mère désolée,
« Il n'est pas de douleur semblable à ta douleur ! » O Reine des Martyrs, en restant exilée
Tu prodigues pour nous tout le sang de ton cœur !

La maison de Saint Jean devient ton seul asile Le fils de Zébédée doit remplacer Jésus… C'est le dernier détail que donne l'Évangile De la Reine des Cieux il ne me parle plus.
Mais son profond silence, ô ma Mère chérie Ne révèle-t-il pas que Le Verbe Éternel
Veut Lui-même chanter les secrets de ta vie Pour charmer tes enfants, tous les Élus du Ciel ?

Bientôt je l'entendrai cette douce harmonie Bientôt dans le beau Ciel, je vais aller te voir Toi qui vins me sourire au matin de ma vie Viens me sourire encor… Mère… voici le soir !… Je ne crains plus l'éclat de ta gloire suprême Avec toi j'ai souffert et je veux maintenant
Chanter sur tes genoux, Marie, pourquoi je t'aime Et redire à jamais que je suis ton enfant !…
(PN 54 – mai 1897)

« Pécheur ma mère m'a conçu », mais immaculée ma Mère a été conçue

Adam dit : « La femme que tu as mise auprès de moi, c'est elle qui m'a donné ce fruit, et j'en ai mangé » (Gn 3,12). Nous disons : la Nouvelle Ève que tu as mise auprès de nous, c'est elle qui nous préserve du péché et nous montre l'arbre de Vie « qui donne son fruit quatre fois par an et dont le feuillage sert à la guérison des nations » (Ap 22,2).

Le Sage demandait : « La femme parfaite, qui l'a trouvera ? » (Pr 31,10). Et nous répondons : « Nous l'avons trouvée, son nom est Marie. »

40 raisons de se faire serviteur de Marie selon Richard de Saint-Laurent

Très beau texte riche en citations bibliques, écrit par un chanoine du XIIIème siècle, très proche du saint esclavage à Marie, ce texte aurait été perdu s'il n'avait été publié dans les Œuvres de saint Albert le Grand en latin. Nous ne garantissons pas l'exactitude de notre traduction. Chacune de ces « raisons » peut faire l'objet d'une méditation. En tout cas, il est nécessaire de lire le texte lentement pour faire sienne chaque raison de se faire esclave de Marie.

Parce que le Fils de Dieu, dont chaque action est une leçon pour les chrétiens, honore et magnifie sa Mère, selon le commandement en Exode 20,12 : « Honore ton père et ta mère. »

Parce que l'Esprit Saint commande que Marie soit honorée selon le Psaume 98,5 :
« Adorez le marchepied de ses pieds, parce qu'il est saint. »

Parce que, quels que soient le respect et l'honneur qui sont accordés à la Mère, ils le sont entièrement au Fils, et vice versa. D'où l'Ecclésiaste 4,15 : « Ceux qui la servent, servent le saint et c'est le Christ qui est le Saint des Saints. »

Parce que, grâce à elle et en elle et hors d'elle, la gloire du Père et du Fils et de l'Esprit Saint est augmentée. D'où le Psaume 47,2 : « L'Éternel est grand et très digne de louanges, dans la ville de notre Dieu, dans sa montagne sainte. »

Parce que, grâce à elle et en elle et avec elle et par elle, le monde a eu et aura tout ce qui est bon : c'est le Christ qui est tout bien et le plus grand bien et celui sans qui il n'y a aucun bien, qui seul est bon, d'où il est dit en Luc 18,19 : « Nul n'est bon, sauf Dieu seul. »

Parce qu'avec Marie est trouvé tout bien. D'où Proverbes 8,35 : « Celui qui me trouve, trouve la vie et recevra le salut du Seigneur. »

Parce qu'elle aime ceux qui l'aiment. Non, plutôt, elle sert ceux qui la servent : Proverbes 8,17 : « J'aime ceux qui m'aiment. »

Parce que c'est la plus haute distinction, la plus grande gloire et utilité de servir Marie et d'être l'un de sa famille. Parce que la servir c'est régner, comme dit le Seigneur.

Parce qu'amener l'eau avec le seau de la prière humble et pieuse de la fontaine de vie qui est en Dieu, plutôt que de Dieu lui-même, elle éclabousse ses serviteurs avec beaucoup d'eau, surtout s'ils ont de bons récipients.

Parce qu'elle réconcilie ses serviteurs et ceux qui l'aiment plus efficacement avec son Fils en colère : elle parle de paix à son peuple et sur ses saints (Ps 84,9).

Parce que si grande est sa douceur que personne ne devrait avoir peur de venir à elle.

Parce que sa miséricorde est si grande qu'elle ne repousse personne.

Parce qu'elle construit ses serviteurs avec les dons et les charismes afin qu'ils deviennent une digne demeure pour son Fils et l'Esprit Saint. Proverbes 14,1 : « La femme sage bâtit sa maison. »

Parce qu'elle pare ses serviteurs de nombreuses vertus comme de nombreux vêtements, comme Dorcas, qui a revêtu les pauvres (Actes 9,39).

Parce qu'elle fait monter les prières et les sacrifices de ses serviteurs, et en particulier ceux qui sont consacrés à elle, jusqu'au regard de la Majesté divine.

Parce que, tout comme le Fils est le médiateur entre Dieu et l'homme, elle est notre médiatrice avec le Fils, c'est à travers sa médiation que le Fils vient à nous.

Parce qu'elle est notre avocate auprès du Fils, tout comme le Fils est notre avocat auprès du Père. Elle apporte nos problèmes et nos demandes au Père et au Fils.

Parce qu'elle représente ceux qui l'invoquent humblement avec des mots doux adressés à son Fils en colère, et par sa parole le Fils est facilement pacifié.

Parce que, pour le salut de ses serviteurs, elle est non seulement capable de supplier son Fils comme les autres saints, mais aussi de lui commander avec son autorité maternelle.

Parce qu'elle est l'arbre de la vie pour tous ceux qui s'en emparent (Proverbes 3,18), en particulier par l'amour et le service.

Parce que souvent, ceux que la justice du Fils condamne, la miséricorde de la Mère les rétablit gratuitement.

Parce qu'étant donné qu'elle est le trésor de l'Éternel et la trésorière de ses grâces, elle enrichit abondamment de ses dons spirituels ceux qui la servent.

Parce que confesser sa naissance virginale mène au salut, à partir de quoi vient la bénédiction de Dieu le Père.

Parce qu'elle protège plus efficacement ses serviteurs contre le triple adversaire, à savoir le monde, la chair et le diable, parce qu'elle est terrible comme une armée rangée en bataille. (Cantique des Cantiques 6,3)

Parce qu'en Marie tous ceux qui, craignant la justice de Dieu, ont peur de venir à lui trouvent refuge en elle.

Parce qu'elle donne de la nourriture à l'affamé et à boire à ceux qui ont soif. D'où l'on peut dire d'elle comme du Fils : « Chassez vos pensées sur la Dame (Domina), et elle vous nourrira » (cf. Psaume 54,23).

Parce que, étant donné qu'elle est la Mère de la Sagesse qui est le Fils de Dieu, elle instruit avec miséricorde ses serviteurs dans la loi du Fils. Comme il est dit d'elle dans le Livre de la Sagesse : « Elle renouvelle l'univers et, d'âge en âge passant en des âmes saintes, elle en fait des amis de Dieu et des prophètes » (Sg 7, 27) c'est-à-dire des sages.

Parce que si sa faveur t'est retirée à cause de tes péchés, aussitôt que tu te repens, elle t'est redonnée. Elle dit avec le Fils : « Revenez à moi, oracle du Seigneur le Tout-Puissant, et je reviendrai à vous, dit le Seigneur le Tout-Puissant. (Zacharie 1,3)

Parce que notre salut est dans sa main. De telle manière que nous, les chrétiens, nous devrions dire avec plus de vérité ce que les Égyptiens ont dit à Joseph : « Notre salut est dans ta main » (Genèse 47, 25)

Parce que, en la servant on goûte des jours de grâce et de gloire. C'est pourquoi elle dit à ses serviteurs, dans le livre des Proverbes : « Oui, grâce à moi tes jours seront nombreux et les années de ta vie se multiplieront. » (Pr 9, 11)

Parce qu'après son Fils, elle est Maîtresse (Domina) de toutes les créatures. C'est pour cela que nous l'appelons Notre Dame et que nous la servons comme une Maîtresse.

Parce que celui qui aime et honore la Mère du Seigneur est en mesure de réclamer la miséricorde du Père et du Fils.

Parce que par l'incarnation du Verbe qui s'est accompli en elle, l'âme pécheresse est revenue dans l'unité de l'Église.

Parce qu'au travers de Marie, et du Christ que nous avons reçu de Marie, tout ce que nous avions perdu par Adam et Ève est restauré en nous.

Parce que par sa conception et son enfantement, la merveilleuse dignité et prérogative de la nature humaine s'est trouvée agrandie, parce que le Fils de Dieu au moment où il allait sauver le monde n'a pas pris une nature angélique, mais une nature humaine en Marie et par elle.

Parce que voulant que nous remportions la victoire et que nous soyons couronnés et sachant que celui qui est couronné doit avoir combattu selon les règles, elle organise des combats et des tentations pour ses amants et permet qu'ils soient affligés de temps en temps. Mais elle donne la victoire au travers des tentations en donnant les grâces suffisantes et nécessaires grâce à ses vertus, car elle est celle qui donne la force aux affligés par ses prières, ses mérites et son exemple.

Parce que ceux qui la servent maintenant verront le visage le plus glorieux qui est le sien dans le futur.

Parce qu'elle récompense ses serviteurs par le fruit de ses entrailles, tout comme on le voit dans les images où elle tient son Fils dans ses bras pour le donner à ses serviteurs. Elle- même, étant évangélisatrice.

Parce qu'elle protège ses serviteurs quand ils sortent de leur corps des attaques des puissances des airs envers lesquelles elle est terrible comme une armée rangée pour la bataille comme nous pouvons le lire dans les récits de miracles.

Parce qu'elle glorifiera dans l'avenir ceux qui l'honorent et la servent dans le moment présent, comme elle le dit avec le Fils : « Car j'honorerai celui qui m'honore, mais ceux qui me méprisent seront voués à l'ignominie. » (1 Samuel 2, 30)

L'INFUSION DES VERTUS THÉOLOGALES

La Foi

Saint Jean-Paul II n'a cessé de nous dire que la vie de la Vierge Marie a été un pèlerinage de foi. Il aimait redire ce verset : « Bienheureuse celle qui a cru. »
Il ne nous est pas difficile de comprendre que Marie était tout amour, de cette charité surnaturelle qui lui fut communiquée dès sa conception et qui grandit en elle. Dès l'instant de l'Incarnation elle porte le Dieu d'amour en elle. Celui qui est l'amour la fait grandir dans la charité de l'intérieur d'elle-même. Mais nous serions tentés de nous imaginer que, comblée d'autant de grâces et témoin de tant de merveilles, la foi ne lui était pas vraiment nécessaire. Si nous pensons cela, nous ignorons tout de l'humanité de Marie et il nous faut revoir notre compréhension du mystère de la Rédemption pour le placer dans sa véritable perspective. A-t-elle douté ? Non, elle a cru, mais elle a lutté avec sa propre humanité, elle a dû surmonter ses émotions, ses angoisses, ses peines, ses douleurs physiques et morales ainsi que les nombreuses contradictions dont son Fils était le signe. Et la haine du démon qui la mordait au talon, comme celle des puissants dont elle était en train de dévoiler les pensées et les plans secrets. Il lui fallut une foi immense. Plus la mission de son Fils se dévoilait et plus sa foi devait grandir. Sa vie terrestre, comme le dit l'encyclique « La Mère du Rédempteur » est UN PÈLERINAGE DE FOI. Elle est notre modèle. Car plus les grâces mystiques nous sont accordées, plus aussi nous devons grandir dans la foi. Et le chemin de la perfection passe par la nuit de la foi. Nous connaissons alors le doute sur les desseins de Dieu, mais surtout sur nous-mêmes.
Alors qu'elle vivait une de ces nuits à la place de quelqu'un d'autre, la vénérable Marthe Robin a dit au Père Finet : « Laissez-moi partir, je ne fais que du mal. » La pauvre petite Marthe, paralysée dans son lit alors qu'elle avait déjà vécu une identification au Christ crucifié et vu si souvent la Sainte Vierge, se trouvait dans le vertige du doute qui est celui de l'humanité qu'elle portait.

Un jour, elle nous a crié plutôt que dit, pour que ses paroles s'incrustent dans notre mémoire : « Ne dites jamais : je suis indigne ! » Elle parlait d'expérience. Si nous sommes un tant soit peu lucides sur nous-mêmes, nous pensons « c'est impossible ». (Malheureusement, un malade qui se croit investit d'une mission est persuadé de sa valeur et ne se remet pas en doute). C'est impossible qu'une personne comme moi puisse faire quelque chose « pour » Dieu et collaborer à son œuvre. C'est aussi la réaction de la Vierge devant Gabriel : ce n'est pas possible puisque je ne suis pas en capacité d'enfanter. Au passage, notons que l'ange parle au futur et que la Vierge est fiancée, elle est même mariée, mais la première année correspondait aux fiançailles. Il se trouve, ici, une indication que Marie et Joseph avaient décidé de vivre dans la chasteté, qu'ils étaient tous les deux consacrés, ce qui se pratiquait peut-être dans les milieux esséniens. Mais Marie comprend que c'est tout de suite et maintenant, comme aux jours de la Genèse où la Parole créatrice est suivie d'effet comme un écho de la voix. Il dit et cela est. Marie ne doute pas, elle ne conteste pas, mais elle constate une évidence, une impossibilité humaine. Quand l'ange lui dit : « Tout est possible à Dieu », aussitôt elle croit et sa foi la met en mouvement. C'est un principe marial de croire en l'impossible.

Cette foi, la vie d'union à Marie nous l'infuse comme une force théologale. Littéralement, « théologale » signifie qui est de l'ordre du Logos, de la Parole de Dieu. Le monde passera, mais sa Parole ne passera pas. On peut mettre en parallèle le pèlerinage du peuple hébreu à partir de la première Pâque qui le conduit à travers le désert, où il a éprouvé et tenté Dieu, sa conquête de la Terre Promise et le pèlerinage de Marie. C'est un bon sujet de méditation et d'étude biblique. Nous nous reconnaîtrons dans le peuple et nous aurons recours à Marie pour changer en profondeur. Bien des juifs, après une traversée si douloureuse de l'histoire, disent avec l'humour qu'on leur connaît : « Nous sommes le peuple élu, mais parfois on aimerait bien être un peu moins élus ! » (Comment croire encore, après le silence de Dieu pendant la Shoah ?) Marie assumera son élection par une foi totale.

« Dans la salutation d'Élisabeth, tous les mots sont lourds de sens. Cependant, ce qu'elle dit à la fin semble d'une importance primordiale : « Bienheureuse celle qui a cru en l'accomplissement de ce qui lui a été dit de la part du Seigneur ! » (Lc 1, 45) 28. On peut rapprocher ces mots du titre « pleine de grâces » dans la salutation de l'ange. Dans l'un et l'autre de ces textes se révèle un contenu mariologique essentiel, c'est-à-dire la vérité sur Marie, dont la présence dans le mystère du Christ est devenue effective parce qu'elle « a cru

». La plénitude de grâce, annoncée par l'ange, signifie le don de Dieu lui-même. La foi de Marie, proclamée par Élisabeth lors de la Visitation, montre comment la Vierge de Nazareth a répondu à ce don.

Comme l'enseigne le Concile, « à Dieu qui révèle est due "l'obéissance de la foi" (Rm 16, 26; cf. Rm 1, 5; 2 Co 10, 5-6), par laquelle l'homme s'en remet tout entier et librement à Dieu »
29. Cette définition de la foi trouve en Marie une réalisation parfaite. Le moment «décisif» fut l'Annonciation, et les paroles mêmes d'Élisabeth: «Bienheureuse celle qui a cru» se rapportent en premier lieu à ce moment précis 30.

À l'Annonciation en effet, Marie, s'est remise à Dieu entièrement en manifestant «l'obéissance de la foi» à celui qui lui parlait par son messager, et en lui rendant «un complet hommage d'intelligence et de volonté» 31. Elle a donc répondu de tout son «moi» humain, féminin, et cette réponse de la foi comportait une coopération parfaite avec «la grâce prévenante et secourable de Dieu» et une disponibilité parfaite à l'action de l'Esprit saint qui «ne cesse, par ses dons, de rendre la foi plus parfaite» 32. (Redemptoris Mater §12-13)

Après la confirmation que lui a procurée la Visitation, l'exultation de joie et la danse de la vie célébrée dans la cour de la maison d'Ain Karem ; la croissance de l'enfant dans son ventre et sa naissance miraculeuse ; le ciel ouvert et les anges qui chantent la gloire de Dieu ; la vénération des adorateurs des astres qui ont appris d'une étoile à reconnaître Dieu dans le petit enfant, vient le déchaînement du mal. Hérode, ce renard ravageur de vigne selon l'expression du Cantique, dévoile ses pensées déicides et lucifériennes et ordonne le massacre des Innocents. Le peuple juif ne s'est jamais remis de la mort des premiers-nés d'Égypte pendant la nuit de la délivrance, et dans chaque famille juive, le premier-né jeûne la veille de la Pâque en souvenir de ces innocents. Quelle douleur a dû transpercer le cœur de Marie à cette atroce nouvelle ! Elle aurait pu dire : laissez-moi partir, je ne fais que du mal ! Quelle foi et quelle espérance il lui a fallu pour demeurer ferme et rester debout afin de veiller sur son bébé pendant l'exil en Égypte ! Marie demeurera inconsolable du massacre des Innocents. Comme le fut son ancêtre Rachel : « Une voix dans Rama s'est fait entendre, des pleurs et une longue plainte : c'est Rachel qui pleure ses enfants et ne veut pas être consolée, parce qu'ils ne sont plus. (Mt 2,18) Marie est déjà une Mater Lacrimosa, elle ne cessera de pleurer jusqu'au jugement dernier. Elle vient de connaître le bonheur de la maternité et le malheur s'abat sur tant de mères. Marie pleure quand des enfants périssent sous des bombardements, quand des enfants soldats sont maltraités et abattus et chaque fois qu'une maman voit mourir le fruit de ses entrailles. La Vierge du sourire est aussi la Vierge des larmes. Nous ne devons pas nous étonner des nombreuses lacrimations d'eau et de sang qui se multiplient aujourd'hui sur des icônes et des statues. Le Ciel n'est pas insensible à la douleur du monde.

La foi c'est quand nous ne comprenons pas ! Il ne faut pas idéaliser l'humanité de Marie dans sa vie terrestre. Souvent elle ne savait pas ce qui se passait et surtout elle ne comprenait pas : « Pourquoi nous as-tu fait cela ? Ton père et moi te cherchions dans l'angoisse. » (Lc 2,48) Elle vient de vivre une angoisse de séparation, un pressentiment de perte. Une mère qui perd son enfant ne peut pas comprendre pourquoi Dieu a permis une telle chose, une mère de famille qui meurt alors qu'elle a encore deux enfants en bas âge, c'est incompréhensible. « Pourtant on était sûr qu'elle guérirait, on avait tellement prié pour elle », dit le veuf affligé et souvent révolté contre un Dieu qu'il ressent comme injuste et cruel. Job lui répondrait : peux-tu m'expliquer pourquoi le vent souffle, pourquoi la vie, pourquoi la mort, pourquoi les méchants prospèrent et les justes sont frappés de malheur ? C'est de l'ordre de l'incompréhensible, si tu me réponds, je te répondrai aussi. Dieu est au-delà de toute compréhension, mais nous devons croire que tout est dans ses mains. Notre adhésion, c'est le sens du mot foi en hébreu, doit s'accroitre dans les épreuves, nous devons lui faire une confiance inconditionnelle. Nous sommes hommes et non pas Dieu pour percer les mystères de sa volonté. Les théologiens disent que la foi cherche la compréhension par l'intelligence selon le principe fides quaerens intellectum. Mais l'intelligence, dans sa recherche légitime, doit rester dans le cadre de la foi sinon elle aboutit à l'absurde. Or, il faut choisir entre l'absurde et le mystère. La théologie des chrétiens orientaux ne se sépare jamais de la mystique et de la contemplation. On attribue à Tertullien cette citation souvent reprise : je crois parce que c'est absurde : « Le Fils de Dieu a été crucifié ? Je n'ai pas honte puisqu'il faut avoir honte. Le Fils de Dieu est mort ? Il faut y croire puisque c'est absurde. Il a été enseveli, il est ressuscité : cela est certain puisque c'est impossible. » (Tertullien, Liber de Carne Christi, 5,5)

Dans le cheminement mystique, l'intelligence est purifiée et aboutit à une adhésion à la volonté de Dieu, à une union de volonté qui dépasse la compréhension. C'est cette adhésion à la volonté de Dieu qui a fait tenir Marie dans une foi inébranlable alors que ce qui se passait était absurde. Que de choses elle repassait dans son cœur ! Mais elle ne faiblissait pas. Quand Dieu demande à Abraham de sacrifier son fils unique, celui qui contient en germe toutes les promesses, dont une descendance innombrable qui est sous nos yeux aujourd'hui, il lui demande une chose insensée, totalement illogique et absurbe. Mais notre Père dans la foi partit dans la foi. Une interrogation d'Isaac (dont le midrash, commentaire juif ancien de la Bible, dit qu'il avait trente trois ans) nous montre que cette foi n'est pas aveugle, elle tient la main de la confiance et de l'espérance, cette interrogation est la suivante : « Où est l'agneau du sacrifice ? » Le patriarche ne répond pas : c'est toi l'agneau ! Il dit : « Dieu pourvoira », il verra pour… (Gn 22,7-8) La Providence voit pour ce qui nous arrive et qui nous est nécessaire. Le Père ne sacrifie pas son Fils, ce serait monstrueux et dans la logique du paganisme, car lui-même déclare : « On ne me prend pas ma vie, c'est moi qui la donne. » (Jn 10,18)

L'Espérance

Nous refusons dans le vocabulaire pieux la notion d'âmes victimes. Il n'y a pas d'âmes victimes, il n'y a que des âmes offertes par amour pour collaborer à la mystérieuse Rédemption du monde, pour « achever dans leur corps (et combien dans leur âme) ce qui manque à la Passion du Christ pour son Corps qui est l'Église ». (Col 1,24)

Mais nous ne faisons pas l'apologie du désespoir. Parce que nous aimons, nous croyons et nous espérons. Si Marie est demeurée inconsolable de la mort de son Fils, même si elle n'a pas tout compris avec son intelligence, même si elle a pu penser que le Père pouvait éloigner la coupe des lèvres du Fils - Marie d'Agréda dit que c'est elle qui a prié pour que l'ange de la consolation visite assiste Jésus à Gethsémané - elle n'a pas été plongée dans le désespoir. Elle a continué à espérer. Ce fut sans doute son attitude pendant les vingt ans qui suivirent la perte inconsolable de son Fils. Elle sait en qui elle croit, elle aime Celui en qui elle croit, elle ne peut qu'espérer. Marie ne peut pas désespérer ni du salut d'un seul homme sur la terre. L'Occident chrétien est tragique, il ne peut imaginer que si la Vierge montre l'enfer c'est pour que nous fassions tout pour qu'il soit vide, pour que nous espérions pour tous. Nous écrivons ces lignes un 6 février, jour anniversaire de la naissance au Ciel de la vénérable Marthe Robin qui connut des moments d'enfer sur la terre, elle qui s'offrit pour la France en guerre, elle qui donna ses yeux lors de la Première Guerre mondiale et vécut ainsi cinquante ans dans le noir. Marthe avait demandé la grâce et la mission de devenir la porte de l'Enfer après sa mort pour empêcher les âmes d'y entrer. Jésus lui accorda de se tenir devant la porte de l'Enfer. Elle nous fit savoir, un jour, qu'elle poursuivait cette mission. Alors quelle est la Puissance de Celle qui est la Porte du Ciel sur les portes des enfers ?

Il est impossible de ne pas citer ici Charles Péguy qui chante la beauté et la grandeur de la petite fille espérance. Nous offrons ces vers qui sonnent comme une comptine, claire et joyeuse, comme la voix de Marthe qui communiqua tant d'espérance à des milliers de visiteurs dont chacun était unique.

« Ce qui m'étonne, dit Dieu, c'est l'espérance. Et je n'en reviens pas.
Cette petite espérance qui n'a l'air de rien du tout. Cette petite fille espérance.
Immortelle.
Car mes trois vertus, dit Dieu. Les trois vertus mes créatures. Mes filles mes enfants.
Sont elles-mêmes comme mes autres créatures. De la race des hommes.
La Foi est une Épouse fidèle. La Charité est une Mère.
Une mère ardente, pleine de cœur.
Ou une sœur aînée qui est comme une mère. L'Espérance est une petite fille de rien du tout.
Qui est venue au monde le jour de Noël de l'année dernière. Qui joue encore avec le bonhomme janvier.
Avec ses petits sapins en bois d'Allemagne couverts de givre peint. Et avec son bœuf et son âne en bois d'Allemagne.
Peints.
Et avec sa crèche pleine de paille que les bêtes ne mangent pas. Puisqu'elles sont en bois.
C'est cette petite fille pourtant qui traversera les mondes. Cette petite fille de rien du tout.
Elle seule, portant les autres, qui traversera les mondes révolus. Comme l'étoile a conduit les trois rois du fin fond de l'Orient.
Vers le berceau de mon fils.

Ainsi une flamme tremblante.
Elle seule conduira les Vertus et le Mondes.

Une flamme percera des ténèbres éternelles. Le prêtre dit.

Ministre de Dieu le prêtre dit :

Quelles sont les trois vertus théologales ? L'enfant répond :

Les trois vertus théologales sont la Foi, l'Espérance et la Charité.

Pourquoi la Foi, l'Espérance et la Charité sont-elles appelées vertus théologales ?

La Foi, l'Espérance et la Charité sont appelées vertus théologales parce qu'elles se rapportent immédiatement à Dieu.

Qu'est-ce que l'Espérance ?

L'Espérance est une vertu surnaturelle par laquelle nous attendons de Dieu, avec confiance, sa grâce en ce monde et la gloire éternelle dans l'autre. »

Ce qui a été une grande épreuve pour la foi de Marie, nous n'y pensons jamais : la vie cachée à Nazareth. Trente longues années où il ne se passe rien ! Un ami mystique à qui la Vierge a raconté toute sa vie au fil des ans comme elle le fit avec Marie d'Agréda ou Thérèse Neumann, nous a décrit ce temps, ce long temps où Celui qui avait été annoncé à Marie comme le Fils de Dieu, comme le Messie libérateur d'Israël, ne faisait que raboter des planches et tailler des chevilles, forger des clous ! Trente longues années de silence. Trente ans, à l'époque c'était presque une vie. Trente ans aussi de méditation dans une foi pure et nue pour Marie.

On a beaucoup fantasmé sur ces trente ans. Jésus serait parti aux Indes, aurait été initié par des maîtres ! Non, il était charpentier et travaillait avec son père, le Juste Joseph. On a aussi imaginé un Jésus inculte dans un village d'ignorants et campagnards, qui aurait ensuite été terrorisé par la grande ville de Jérusalem. Rien de cela n'est vrai. Jésus connaissait la Thora par cœur, il savait lire et écrire l'hébreu comme l'araméen. Il parlait forcément la langue de l'occupant, le latin, et le grec qui était l'anglais de l'époque. Quand il comparait devant Pilate, il n'a pas besoin de traducteur. La Galilée était appelée le carrefour des nations. Une toute nouvelle découverte archéologique vient balayer le mythe de l'origine rurale de Jésus. En effet, les ruines d'une importante ville romaine viennent d'être mises à jour à cinq kilomètres de Nazareth.

Si les paraboles de Jésus puisent dans la sagesse de la nature, le monde du commerce ne lui est pas du tout étranger. Il a dû regarder vivre et écouter en silence ces hommes et ces femmes qui recherchaient la richesse, le confort et le luxe. Il connaissait la culture romaine. D'autres villes n'étaient pas très éloignées non plus, comme Tibériade et Beth Shéan (17 kms par les routes actuelles, bien moins à travers champs) où se déroulaient les jeux du cirque, où l'on jouait du théâtre graveleux à la romaine, où l'on pratiquait la prostitution et tout ce qui fait l'humanité bien humaine, sans oublier la philosophie qui s'invitait sur la place publique. On peut aussi s'imaginer qu'il assistait dans des tavernes aux discussions politiques. Il scandalisera pendant son ministère public quand il s'assiéra à la table des pécheurs en charmante compagnie. Jésus ne faisait pas semblant d'être un homme, rien de ce qui est humain ne lui était étranger et comme le dit l'Église d'elle-même, il était expert en humanité. Il connaissait le prix de la baguette !

Pendant trente ans, la Vierge se demandait quand viendrait l'heure de la manifestation du Fils de Dieu. On comprend avec quel empressement elle est intervenue pendant les noces de Cana pour que Jésus accomplisse son premier miracle : « Faites tous ce qu'il vous dira ! » (Lc 2,5) Ce fut le commencement de son ministère public qui allait le conduire à la mort.

Nous connaissons un homme qui avait reçu beaucoup de grâces pendant sa jeunesse, mais ce temps de fiançailles ne dura pas, il fut soudain plongé dans la nuit obscure, ou plutôt les nuits où sans perdre la foi il avait l'impression de faire semblant de croire et que tout le monde faisait semblant. Il connut maladie sur maladie et demeurait totalement anesthésié spirituellement, son intelligence était troublée et il était assailli par toutes sortes de pensées et de passions. Son père spirituel avait beau lui faire lire les grands mystiques, comme saint Jean de la Croix, tout cela passait sur lui comme de l'eau sur les plumes d'un canard. Le saint moine qui l'accompagnait lui répéta maintes fois que son cheminement était normal et qu'il déboucherait sur la contemplation et l'union mystique. Il sortit de la nuit au bout de dix-sept ans et à part quelques instants de grâce et une grande paix intérieure, il mena une vie « normale » sans grâces surnaturelles. Pendant une quinzaine d'années encore il dût simplement vivre de foi et croire que son épreuve avait servi à quelque chose, sinon du moins pour les autres. Et ce n'est qu'au bout d'une quinzaine d'années qu'il fit l'expérience de ce que Maître Eckhart appelle la naissance de Dieu dans l'âme et la grâce d'une union quasi constante avec Jésus et Marie. L'épreuve du temps est la plus grande, mais elle est celle de la foi qui ne fait que se fortifier. Si tu crois, tu verras la gloire de Dieu. Que sont ces dizaines d'années face à l'éternité ? La vie mystique est une vie de foi et plus les promesses que l'on reçoit et les espérances que l'on forme sont grandes et plus la foi est nécessaire. Ceux qui opposent la vie de foi à la vie spirituelle sensible ne savent pas de quoi ils parlent. Ils justifient souvent une paresse à percer le Ciel par la méditation et l'oraison en invoquant une vie de pure foi. Comment ne pas rechercher le visage du Bien-Aimé ? Certains saints passent comme des étoiles filantes dans le ciel de l'Église. Ce fut le cas de saint François ou de sainte Thérèse de Lisieux, mais d'autres comme Mère Teresa « rament » jusqu'à la soixantaine avant d'illuminer non seulement l'Église, mais l'humanité tout entière.

LA BEAUTÉ DE MARIE

« JE SUIS BELLE PARCE QUE J'AIME »

Voici ce que rapportent les voyants de Medjugorje : « Un jour nous avons demandé à Notre Dame : "Pourquoi es-tu si belle ? Tu es si belle que nous ne pouvons même pas essayer de décrire cette beauté aux autres personnes". Notre Dame a répondu : "Je suis belle parce que j'aime". »

Le vocable de « Marie Mère du Bel amour » est très beau et comme la Vierge le mérite ! Et comme nous avons besoin d'elle en une époque où tout le monde surfe sur Internet pour chercher l'amour ! Jamais auparavant les blessures affectives de l'humanité n'étaient apparues au grand jour comme elles le sont aujourd'hui. Le christianisme devrait être la grande réponse à l'immense besoin d'amour du monde. Le christianisme est réputé être la religion de l'amour, de la charité, mais après deux mille ans le monde est-il plus aimant ? Est- il meilleur ? Devant notre incapacité à le changer, force est de constater que nous avons besoin d'une intervention du Ciel sous la forme d'une effusion d'amour venue d'En-Haut. Nous avons besoin d'une Pentecôte d'amour. Les nombreuses apparitions de la Vierge sont des signes avant-coureurs de cet évènement. Marie se tient au milieu de l'Église épuisée, découragée mais en attente dans l'espérance, comme elle était au milieu des disciples dans le Cénacle lors de la première Pentecôte.

Créés par amour et pour l'amour

« Les oiseaux sont faits pour chanter et ils chantent ! Les hommes sont faits pour aimer Dieu et ils ne l'aiment pas », constatait avec tristesse le Curé d'Ars. Ce confesseur infatigable savait mieux que quiconque ce qu'il y a dans le cœur de l'homme, lui qui avait le don de lire dans les consciences. Il faut être réaliste sur l'homme ! Sur nous-mêmes ! Nous sommes créés par l'Amour et pour l'Amour. Nous sommes faits pour un amour infini et inconditionnel. Et à peine venus au monde, nous sommes confrontés aux limites de l'amour, à ses multiples conditions, à son inconstance quand ce n'est pas au manque radical. Nous nous sentons abandonnés, rejetés, maltraités et cela occasionne une blessure que nous garderons toute la vie. Cette blessure fera de nous des êtres en manque et des êtres agressifs. Au lieu de nous sensibiliser aux manques et besoins des autres, elle nous centrera sur nous-mêmes, sur nos propres besoins, sur nos plaintes et revendications à être aimés. La blessure d'amour est une blessure narcissique !

Comme nous l'avons vu en parlant des conséquences psychologiques du privilège de la conception immaculée, Marie est exempte de cette blessure narcissique. Elle est l'inverse de Narcisse pris par une fascination mortelle de sa propre image. Son regard est amoureusement fixé sur Dieu et sur l'homme qu'il aime sans limites et sans condition.

L'hymne à l'amour

Saint Paul nous a laissé un trésor inestimable dans sa fameuse « hymne à l'amour » du chapitre 13 de la première épître au Corinthiens. Nous connaissons bien ces versets si beaux, qui sont souvent choisis par les fiancés comme lecture pour leur messe de mariage. Mais comme le demande Philippe à l'Ethiopien : « Comprends-tu ce que tu lis ? » (Ac 8,30), comprenons-nous ce que nous lisons ? Le texte est sublime et si nous le comprenons, si nous l'acceptons, si nous le faisons nôtre, nous sommes obligés de reconnaître que nous ne savons pas aimer et que sans l'intervention du Ciel nous nous trouvons à des années-lumière du véritable amour. Nous allons tenter d'en faire une nouvelle lecture en proposant une traduction au plus proche du texte.

Le véritable amour : don total, douceur et humilité

Nous retiendrons le terme « amour » plus que « charité » parce qu'amour dans le français moderne garde un champ sémantique très large qui couvre aussi la piété, la dévotion, la charité envers les autres. Nous ne possédons pas de terme qui soit propre à l'amour chrétien comme l'est agapé en grec. Le mot charité a connu une mauvaise fortune et est entendu aujourd'hui comme une forme édulcorée de l'amour, un amour par devoir que l'on consent du bout des doigts ou du bout des lèvres. Nous faisons la charité, mais nous ne vivons pas de charité comme on vit d'amour. Le terme « pitié » a connu un même sort. Quand nous disons
« Seigneur prends pitié », nous ferions mieux de traduire « Seigneur fait descendre sur nous ta grâce, ta consolation, ta tendresse ». Notre culture est devenue allergique à certains vocables judéo-chrétiens.
Notons que pour qualifier l'amour, saint Paul n'utilise pas de substantifs ou d'adjectifs, il n'emploie que des verbes, pour montrer que l'amour est mouvement permanent, comme la grâce qui est action de grâce, mouvement de grâce.

Comme aucune traduction ne nous satisfait, tentons la nôtre en sachant qu'elle aura ses faiblesses et qu'une traduction parfaite est impossible. Nous avons tenté de retrouver les mots hébreux et leur sens spirituel sous les mots grecs, ce sera donc comme un targum, une traduction-commentaire.

L'amour sait prendre le mal en patience dans l'épreuve et dans les offenses.
Makrothumos : faire s'éloigner la passion et la colère, agir avec douceur, être patient dans l'épreuve.
L'amour est rempli de toutes sortes de bontés.

Chresteuomai : se montrer doux, être aimable, user de bonté, être bon, serviable, bienveillant.
L'amour ne convoite rien des qualités ou des biens d'autrui.
Zeloo : désirer ardemment, (zèle et jalousie ont la même étymologie en français), envier. L'amour sait s'effacer devant les autres.
Perpereuomai : fanfaronner, se vanter, se présenter à son avantage. L'amour ne s'élève pas au-dessus des autres.

Phusioo : hébreu gavah, s'élever, s'enfler d'orgueil. L'amour n'agit pas de manière choquante.

Aschemoneo : faire des choses inconvenantes. Mais en revenant à la racine, on peut aussi traduire par : ne pas posséder d'attachement.

L'amour pratique l'oubli de soi.

Faire des recherches pour soi-même, être zélé pour soi-même. L'amour ne provoque pas.

Paroxuno : irriter, pousser à la colère, conduire au paroxysme. L'amour ne soupçonne pas le mal.

Il ne se réjouit pas de l'injustice, mais il met sa joie dans la vérité. Il excuse tout en couvrant de silence la faute des autres.

Couvrir de silence, garder secret la faute des autres. Il croit tout, il garde sa confiance malgré tout.

Il espère tout, en sachant que son espérance ne sera pas déçue. Il supporte tout.

Upomeno : endurer, supporter bravement et calmement les mauvais traitements, demeurer ferme dans la foi, patienter.

Nous le voyons, l'amour qui est décrit dans cette hymne est celui de Dieu manifesté en Jésus-Christ. Il est celui que l'on ne peut vivre que par participation à la vie divine infusée par l'Esprit. Nous pourrions le résumer comme un amour doux et tendre pour les ennemis au milieu de la persécution et des afflictions que la vie réserve aux disciples de l'Agneau. Cet amour qui excuse tout et qui croit tout n'est pas laxiste, dans le sens où il fermerait les yeux sur le mal. Il est réaliste, il traduit le regard du Père sur ses enfants blessés et qui ne sont méchants qu'à cause de leurs souffrances. Cet amour a déjà parlé sur la Croix quand il a dit : « Père, pardonne-leur, ils ne savent pas ce qu'ils font. » (Lc 23,34)

L'amour nous invite au pardon inconditionnel. À l'acceptation de l'autre d'une manière inconditionnelle.

En quoi Marie est-elle la Mère du Bel Amour ?

Des mots d'amour ? Des déclarations d'amour ? Non, des preuves d'amour ! Le monde a besoin de preuves d'amour. Dieu se prouve par les œuvres, comme nous l'a dit Jésus : « Si vous croyez en moi vous garderez mes commandements ». (Jn 14,15) Imaginez que vous ayez un voisin qui meurt de faim, de froid, de maladie et de chagrin et que parce que vous êtes chrétien vous lui répétiez sans cesse : « Je t'aime, je t'aime, je t'aime… », et qu'en votre for intérieur, vous ajoutiez : « Je l'aime parce que le Christ me l'a demandé et que c'est mon devoir de chrétien. » Malheureusement, c'est à cela que ressemble la fameuse « charité chrétienne ». « La foi sans les œuvres n'est rien du tout » comme le dit saint Jacques (Jc 2,20), et la pratique religieuse devient une comédie à laquelle nous croyons et qui nous masque l'essentiel, qui nous fait échapper à la véritable conversion.

Dès que Marie apprend que sa cousine est enceinte, elle ne dit rien, elle agit ! Et elle agit vite, sans agitation, mais avec empressement.

Le titre de « Marie Mère du Bel Amour » remonte au livre de Ben Sirac le Sage appelé plus tard livre de l'Ecclésiastique, car il servait à la formation des catéchumènes. L'Église s'est reconnue dans ses enseignements :

« Je suis la mère du bel amour et de la crainte, de la connaissance et de la sainte espérance. À tous mes enfants je donne des biens éternels, à ceux qu'il a choisis. » (Si 24, 18).

Or, dans ce même livre nous trouvons une allusion à la maternité divine : « Tu seras appelé fils du Très-Haut, Dieu t'aimera plus que ne le fait ta propre mère » si tu fais des œuvres de miséricorde.

« Mon fils, ne refuse pas au pauvre sa subsistance et ne fais pas languir les yeux du miséreux. Ne fais pas souffrir celui qui a faim, n'exaspère pas l'indigent. Ne t'acharne pas sur un cœur exaspéré, ne fais pas languir après ton aumône le nécessiteux. Ne repousse pas le suppliant durement éprouvé, ne détourne pas du pauvre ton regard. Ne détourne pas tes yeux du nécessiteux, ne donne à personne l'occasion de te maudire. Si quelqu'un te maudit dans sa détresse, son Créateur exaucera son imprécation. Fais-toi aimer de la communauté, devant un grand, baisse la tête. Prête l'oreille au pauvre et rends-lui son salut avec douceur. Délivre l'opprimé des mains de l'oppresseur et ne sois pas lâche en rendant la justice. Sois pour les orphelins un père et comme un mari pour leurs mères. Et tu seras comme un fils du Très-Haut qui t'aimera plus que ne fait ta mère. » (Si 4, 1-10)

Marie a porté dans son corps Dieu qui est amour et nous savons qu'elle est Mère du Corps du Christ qui est l'Église. Elle continue à enfanter jusqu'à la fin du monde. Son travail d'enfantement est aussi un travail de formation, d'éducation et d'assistance. Là où est Marie se produit une petite Pentecôte. Demandons-lui, en attendant la grande Pentecôte d'amour, de former nos cœurs au véritable amour.

TÉMOIGNAGE

Je suis fils de Jean-Paul II. Des JMJ. J'ai toujours cru, mais je n'ai pratiqué que jusqu'à l'adolescence où je me suis révolté. Non pas contre Dieu et la foi, mais contre le christianisme tel qu'il était pratiqué depuis deux mille ans. Je ne connaissais pas vraiment l'histoire de l'Église, mais je voyais le résultat. Le monde n'était pas meilleur. J'ai rencontré la non-violence évangélique et me suis passionné pour les hommes qui avaient vraiment mis l'Évangile en pratique : Gandhi un hindou, Martin Luther King un protestant, Tolstoï un orthodoxe, excommunié, mais quand même profondément orthodoxe, Nelson Mandela. Je remis en question mon appartenance au catholicisme pour manque de crédibilité et par ignorance de tant de saints qui ont vraiment mis en pratique leur foi comme le Père Kolbe ou Monseigneur Romero. Les Russes m'attiraient beaucoup. Je me disais que si j'étais né dans une autre religion j'aurais

pratiqué cette religion. Si j'avais été musulman j'aurais été soufi, hindou j'aurais suivi un gourou dans sa retraite, orthodoxe j'aurais été vagabond comme Tolstoï et les fols en Christ. J'avais besoin de quelqu'un de crédible, j'avais besoin d'un père spirituel, d'un starets, mais je n'en trouvais pas. Jean-Paul II est apparu comme un soleil en plein hiver. Il était crédible et il l'est resté jusqu'au bout, jusque dans l'extrême faiblesse, jusque dans sa passion. Je dévorais ses encycliques et lisais tout ce qu'on trouvait sur sa biographie. J'appris que ses deux maîtres avaient été Grignion de Montfort et Hans Urs von Balthasar qui tira sa théologie de sa vie et de celle de son âme sœur, la mystique Adrienne von Speyr. Que quelqu'un revive la Passion, comme saint François, était pour moi une preuve d'authenticité et j'aspirais plus que jamais à la vie mystique. Je l'ai trouvée dans la consécration totale à Marie. J'avais fait beaucoup de songes et j'avais eu des visions, j'avais connu des moments extatiques pendant mon cheminement, mais j'avais besoin d'être enseigné pour mettre de l'ordre dans tout cela. Je cherchais un père et Jean-Paul en fut un, mais c'est une Mère que Dieu m'a donnée.

Je voudrais arriver au point essentiel de mon témoignage qui est comme un échange de cœurs, pas d'une manière dramatique, mais petit à petit. Je sentis le cœur de Marie uni au cœur de Jésus indéfectiblement, se mettre à battre à moi. Jusqu'alors j'avais recherché la vie mystique comme un épanouissement personnel ultime, comme un accomplissement de moi-même en Dieu. J'avais trouvé toutes les réponses au sens de ma vie sur terre et j'étais heureux. Égoïstement. Ce cœur qui se mit à battre en moi est celui qui a tellement aimé le monde, jusqu'au transpercement, jusqu'au glaive et à la lance. Alors, comme le dit sainte Thérèse de Lisieux, je m'oubliai moi-même. Maintenant je passe tout mon temps à aimer le monde, à lui envoyer de l'amour. Saint Jean-Paul II nous a aussi appris la miséricorde, et cet amour miséricordieux je l'envoie sur tous les hommes, j'ai confiance et j'espère pour toute l'humanité. J'ai remplacé le jugement par une effusion de pardon. Je ne juge plus l'Église, mais je l'aime, comme j'aime les bons comme les méchants. Je dis « je », mais c'est Marie qui aime en moi.

L'amour de la Beauté

Les amoureux de Marie sont aussi des amoureux de la beauté. La Vierge nous communique un sens du beau en même temps qu'un attachement à l'authenticité et à la vérité. Notre sensibilité s'affine peu à peu, notre goût se forme par elle. Notre vision de la nature, par exemple, en est toute transformée. Sans effort d'attention, la vision d'un arbre, de l'herbe verte, des premiers bourgeons, nous fait tressaillir de joie, de ce même tressaillement que produit en nous la présence de la Toute Belle. On comprend pourquoi Jean de la Croix emmenait ses novices faire oraison dans la nature.

De quelqu'un de laid on dit qu'il disgracié, mais celle qui est pleine de grâces est d'une beauté sublime qui nous accorde sa grâce et nous rend beaux et belles quels que soient les traits physiques de notre visage. Elle change aussi notre regard sur les personnes et nous permet de voir leur beauté, même si elle est bien cachée. Chaque personne est une merveille.

Marie trône de la Sagesse nous communique l'intelligence des œuvres divines : soit elle nous donne la capacité de pénétrer les détails, soit elle nous montre le plan d'ensemble nous permettant de comprendre qu'il y a de l'amour et de beauté là où nous voyons de la misère et de la laideur. Les mouches nous dégoûtent, mais avons-nous déjà regardé cette merveille de technologie au microscope ? C'est extraordinaire ! Comme Albert Schweitzer, nous devenons incapables de faire mal à une mouche.

N'est-il pas beau ce SDF ? Mais il nous faut le regarder dans les yeux, dans un face à face, le cœur rempli du regard de Marie. Notre expérience est qu'une lumière s'allume et qu'une beauté se manifeste alors.

L'exemple des trisomiques est particulièrement parlant, ils sont des boules d'amour et par conséquent des exemples de beauté, loin des critères habituellement acceptés.

« La beauté n'est pas seulement un éclat, elle est aussi une harmonie : c'est cette harmonie des proportions qui constitue la perfection. L'homme qui posséderait cette harmonie serait l'homme parfait. Mais il y a dans la beauté de la femme un épanouissement plus lumineux et une grâce plus délicate, qui constituent le charme. Qu'elle soit reine on bergère, grande dame ou simple ouvrière, une femme peut s'affiner toujours plus qu'un homme et arriver à cette beauté harmonieuse des gestes sinon des formes, qui fera son charme particulier. Ne doutez pas que ce soit là une vertu, au lieu d'une coquetterie, si elle est employée au service du bien et au perfectionnement de l'âme. Tout cela demande un effort, et un effort est toujours un acte de vertu. Cultivez donc, comme dit saint François de Sales, et votre visage et votre cœur, afin que le feu qui jaillit en ce cœur, illumine votre visage de l'éclat céleste, pareil à celui de notre divine mère Marie, la plus belle de toutes les femmes. » (Méditation dans l'Imitation de Marie)

Nous voudrions partager l'éblouissement que les « Cinq méditations sur la Beauté », de l'Académicien français d'origine chinoise, nous ont procuré, et comment nous avons pensé à Marie en lisant les pages qu'il a distillées. [9]

« En ces temps de misères omniprésentes, de violences aveugles, de catastrophes naturelles ou écologiques, parler de la beauté pourra paraître incongru, inconvenant, voire provocateur. Presque un scandale. Mais en raison de cela même, on voit qu'à l'opposé du mal, la beauté se situe bien à l'autre bout d'une réalité à laquelle nous avons à faire face. Je suis persuadé que nous avons pour tâche urgente, et permanente, de dévisager ces deux mystères qui

---

[9] François Cheng, Cinq méditations sur la beauté, Albin Michel, 2010

À écouter également https://www.youtube.com/watch?v=MQ7AwJEHaqg La beauté, le mal, la mort

constituent les extrémités de l'univers vivant : d'un côté, le mal ; de l'autre, la beauté…

À mes yeux, c'est précisément avec l'unicité que commence la possibilité de la beauté : l'être n'est plus un robot parmi les robots, ni une simple figure au milieu d'autres figures. L'unicité transforme chaque être en présence, laquelle, à l'image d'une fleur ou d'un arbre, n'a de cesse de tendre, dans le temps, vers la plénitude de son éclat, qui est la définition même de la beauté.

Concernant la beauté, nous observons objectivement que, de fait, notre sens du sacré, du divin, vient non de la seule constatation du vrai, c'est-à-dire de quelque chose qui effectue sa marche, qui assure son fonctionnement, mais bien plus de celle du beau, c'est-à-dire de quelque chose qui frappe par son énigmatique splendeur, qui éblouit et subjugue. L'univers n'apparaît plus comme une donnée ; il se révèle un don invitant à la reconnaissance et à la célébration. Alain Michel, professeur émérite à la Sorbonne, dans son ouvrage 'La Parole et la Beauté', affirme : « Comme le croyaient tous les philosophes de la Grèce antique, le sacré se trouve lié à la beauté. »

Afin de donner plus de clarté à mon propos, ajoutons encore ceci : la beauté est quelque chose de virtuellement là, depuis toujours là, un désir qui jaillit de l'intérieur des êtres, ou de l'Être, telle une fontaine inépuisable qui, plus que figure anonyme et isolée, se manifeste comme présence rayonnante et reliante, laquelle incite à l'acquiescement, à l'interaction, à la transfiguration.

Commentant le distique d'Angelius Silésius dans le Pèlerin Chérubinique
La rose est sans pourquoi, fleurit parce qu'elle fleurit ; Sans souci d'elle-même ni désir d'être vue.
Il écrit :
« Il convient en effet que la chair soit dans l'éclat et que l'esprit soit à l'ombre, afin que ce dernier puisse soutenir le principe de vie qui régit la chair. Lors même que les pétales seraient tombés et mêlés à l'humus nourricier, persisterait leur invisible parfum, comme une émanation de leur essence, ou un signe de leur transfiguration.
« En un geste d'offrande », avons-nous dit. Pourtant le poète, lui, a écrit : « sans souci d'elle- même ni désir d'être vue ». Il est vrai que le pourquoi d'une rose étant d'être pleinement une rose, l'instant de sa plénitude d'être coïncide avec la plénitude de l'Être même. Autrement dit, le désir de la beauté s'absorbe

dans la beauté ; celle-ci n'a plus à se justifier. Si nous continuons à vouloir raisonner en termes de « être vue » ou « ne pas être vue », disons que la beauté de la rose dont l'éclat résonne à tout l'éclat de l'univers – outre le rôle qu'elle joue dans l'« éducation » du regard des hommes – il n'y a en fin de compte qu'un regard divin qui puisse l'accueillir. J'ai bien dit : l'accueillir, et non la cueillir ! »

Non la cueillir ! La beauté est sans désir de possession, pour une fois qui n'est pas coutume chez nous, nous pouvons citer Kant sur l'esthétique : "Le goût est la faculté de juger un objet ou un mode de représentation par la satisfaction ou le déplaisir d'une façon toute désintéressée. On appelle beau l'objet de cette satisfaction."

Citons encore le constat d'Aragon pour nous en démarquer sur le plan chrétien, passant de l'humanisme athée à la vision transcendante de cette même condition :

« Rien n'est jamais acquis à l'homme, ni sa force Ni sa faiblesse ni son cœur, et quand il croit Ouvrir ses bras son ombre est celle d'une croix Et quand il croit serrer son bonheur il le broie Sa vie est un étrange et douloureux divorce. Il n'y a pas d'amour heureux. » [10]

Heureusement il y a un amour heureux. Le bonheur est dans cet amour, mais nous ne pouvons le « serrer » donc le broyer, il n'est pas une chose que l'on pourrait posséder. Sans cesse en mouvement, il est insaisissable, il nous aspire, il nous blesse, il nous tue, il nous redonne la vie, il est douleur profonde et jouissance infinie. « Il nous fait désirer et comble nos désirs », il nous rassasie en creusant notre faim, il nous abreuve et nous assoiffe davantage. Pour paraphraser Aragon nous pourrions écrire : oh mon amour, mon tendre amour, ma déchirure, je te porte en moi comme un Dieu blessé, d'une blessure qui rayonne et dans ses rayons se trouve la guérison. Notre vie est un étrange et douloureux divorce, mais ce constat établi, nous faisons alliance, nous

[10] La poignante version de Nina Simone **https://www.youtube.com/watch?v=GM1u72MNLuI**

La mélancolique version de Françoise Hardy **https://www.youtube.com/watch?v=A6_bpX1cmC**

La stoïque version de Georges Brassens **https://www.youtube.com/watch?v=SccKLmENjpk**

contractons un mariage qui ne peut être brisé, car un des deux partenaires en assure la solidité et la permanence. « Si nous sommes infidèles, lui, il demeure fidèle, car il ne pourra jamais se renier lui-même. (2 Tm 2,13) Dieu n'annule jamais une alliance.

« La beauté sauvera le monde »

Cette parole de Dostoïevsky est souvent citée. Souvent elle vient comme un cheveu sur la soupe, car il est difficile de l'articuler à un autre discours et la placer dans une conversation n'est pas chose facile. L'écrivain russe à l'âme mystique a tellement bien dépeint la laideur de la condition humaine, de l'homme pour qu'il éprouve une grande miséricorde, celle du Christ russe, où l'homme est dépassé par ses passions, dominé par le mal qui a presque toujours le dernier mot. À Moscou on voit toujours ce grand boulevard, baptisé avec humour : la chaussée des enthousiastes, où les condamnés à la déportation prenaient la direction de la Sibérie. Ils avançaient en lente procession, entravés qu'ils étaient aux mains et aux pieds. Le peuple se pressait pour les voir passer et versait des larmes, les femmes se précipitaient et tombaient à genoux pour baiser les chaînes et vénéraient les condamnés comme s'ils étaient Jésus portant sa croix. Voilà l'âme russe qui pèche et se repent avec la même intensité et espère tout de la miséricorde.

Un internaute [11] nous livre sa compréhension de cette citation célèbre qu'il replace dans son contexte qui est celui du l'Idiot :
« Il vaut la peine de lire les quelques lignes qui suivent la fameuse citation. Ce sont encore des paroles qu'Hippolyte adresse au prince Mychkine : «... Quelle beauté sauvera le monde? C'est Kolia qui m'a rapporté ça... Vous êtes un chrétien zélé ? Kolia m'affirme que vous vous dites chrétien. » Kolia, le fils de la maison où s'est établi Mychkine, est un garçon de treize ans, au cœur pur et généreux, plein d'admiration pour le prince, qui l'a pris en amitié. Et de fait, ce qu'Hippolyte dit tenir de Kolia est vrai : Mychkine est profondément chrétien. Avec la prudence de mise chez notre auteur, on peut d'ailleurs penser que l'attachement au Christ que lui prête Dostoïevski est le reflet de celui qu'il éprouve lui-même.

---

[11] http://un-idiot-attentif.blogspot.fr/2011/06/la-beaute-sauvera-le-monde.html

Dès lors, serait-il déplacé de comprendre la phrase de Mychkine comme : « Le Christ sauvera le monde »? C'est lui, le Christ, qui est le Sauveur. C'est lui, « le plus beau des enfants des hommes » (Ps 44,3) venu rendre à l'homme sa « première beauté ». Dans le visage de Nastassia Filippovna, Mychkine voit le Christ souffrant. Le regard qu'il porte sur elle dépasse le sensible pour rejoindre la profondeur, la présence de Dieu. »

La philosophe française Simone Weil écrivait : « Dans tout ce qui suscite en nous le sentiment pur et authentique de la beauté, il y a réellement la présence de Dieu. Il y a presque une incarnation de Dieu dans le monde, dont la beauté est le signe ». Et Benoît XVI, qui cite ce passage de Simone Weil, écrit : « La beauté – de celle qui se manifeste dans l'univers et dans la nature à celle qui s'exprime à travers les créations artistiques – peut devenir une voie vers le Transcendant, vers le Mystère ultime, vers Dieu, précisément en raison de sa capacité essentielle à ouvrir et élargir les horizons de la conscience humaine, à la renvoyer au-delà d'elle-même, à se pencher sur l'abîme de l'Infini » (Discours aux artistes du 21 novembre 2009, Documentation Catholique du 20 décembre 2009.12

Éveiller en nous le désir de la beauté, c'est aussi le fruit de l'union à Marie. Il est si difficile de comprendre que la dévotion à Marie s'accompagne de représentations si mièvres et si kitsch, mais ce n'est pas le cas dans l'histoire de l'art. Il est nécessaire de laisser grandir en nous ce désir afin de nourrir l'âme par le beau. C'est tellement vrai en musique. Écouter Bach, Mozart, Monteverdi, même les vaches apprécient et donnent plus de lait (et non pas de laid) ! Ce grand dépressif de Cioran disait : 'Dieu doit beaucoup à Bach !' »

LA TOUTE PETITESSE DE MARIE

« L'enfant eut trois ans. Joachim dit : "Appelons les filles des Hébreux, celles qui sont sans tache. Que chacune prenne un flambeau et le tienne allumé : ainsi, Marie ne se retournera pas et son cœur ne sera pas retenu captif hors du temple du Seigneur." L'ordre fut suivi, et elles montèrent au temple du Seigneur. Et le prêtre accueillit l'enfant et l'ayant embrassée, il la bénit et dit : "Le Seigneur Dieu a exalté ton nom parmi toutes les générations. En toi, au dernier des jours, le Seigneur manifestera la rédemption aux fils d'Israël." » (Protévangile de Jacques VII.2.)

Origine de la fête de la Présentation au Temple : Marie fut vierge consacrée à l'âge de trois ans au Temple où elle demeurera jusqu'à ses douze ans, considérés par la Loi comme l'âge de la puberté féminine. Les petites filles étaient affectées dans les ateliers où se tissaient les vêtements des prêtres et le voile du Temple. Peut-être Marie a-t-elle tissé le voile qui s'est déchiré au moment de la mort de son Fils !

Le tableau du Titien représente l'évènement de la Présentation d'une manière improbable où le Cohen haGadol, le Grand Prêtre, serait sorti en grand costume de cérémonie, revêtu de la mitre et du corporal, pour accueillir la petite fille de Nazareth. Mais il porte en lui une vérité qui fait qu'il a souvent servi de support à notre méditation. La toute petite fille de trois ans est venue accomplir dans l'humilité ce qui était préfiguré dans la grandeur et son rayonnement éclipse la splendeur du Temple qui faisait l'étonnement du monde.

« L'homme est la mesure de toute chose » disait le philosophe présocratique au Vème siècle avant J-C. C'est vrai de tout ce qui est de l'Incarnation. Dieu s'est fait à la mesure de l'homme. Mais la mesure de l'homme est bien relative ! Quelque grand par la taille en Chine sera petit aux USA. Quelques centimètres font toute la différence du point de vue de l'homme, mais cette mesure est bien dérisoire au niveau du cosmos. Dire que Dieu est grand relève d'une autre échelle de valeurs. Cette valeur, il nous l'a révélée en se faisant tout petit. Il s'est fait embryon. Il s'est fait microscopique et il était pleinement Dieu. Le devenir de la toute petitesse en Dieu est l'immensité, l'infini, l'éternel. Toutes notions qui seront abolies au ciel. « Et toi, petit enfant, tu seras appelé prophète du Très-Haut ; car tu marcheras devant le Seigneur, pour lui préparer les voies, pour donner à son peuple la connaissance du salut par la rémission de ses péchés ; grâce aux sentiments de miséricorde de notre Dieu, dans lesquels nous a visités l'Astre d'en haut, pour illuminer ceux qui demeurent dans les ténèbres et l'ombre de la mort, afin de guider nos pas dans le chemin de la paix. » Cependant l'enfant grandissait, et son esprit se fortifiait. Et il demeurait dans les déserts jusqu'au jour de sa manifestation à Israël. (Lc 76-80) Il grandissait en taille et en sagesse.

Les proportions du Christ sur le Saint Suaire ont les proportions du temple. Elles sont parfaites et proches des canons de la beauté grecque. Il est physiquement très beau. Et cette beauté devra se trouver anéantie dans la Passion, car le Messie est à la fois décrit comme le plus beau des hommes et comme n'ayant rien pour attirer les regards. Les deux sont conciliables. « Tu es beau, le plus beau des enfants des hommes, la grâce est répandue sur tes lèvres. Aussi tu es béni de Dieu à jamais. » (Ps 45, 3)

Marie, chef d'œuvre de Dieu selon Jean-Jacques Olier

« Si dans la création d'Adam, destiné à appartenir à Dieu en qualité de simple serviteur, les trois divines Personnes dirent : "Faisons l'homme à notre image et à notre ressemblance", que n'ont-elles point dit et quel conseil n'ont-elles pas tenu pour produire cet admirable ouvrage qui allait leur appartenir comme la chose la plus chère, la plus aimable, la plus tendre que Dieu pût avoir hors de lui-même ? L'épouse étant donnée à l'époux comme une aide semblable à lui, quels trésors de grâces, quels dons magnifiques, Dieu le Père, qui a choisi cette âme pour son épouse, ne verse-t-il pas en elle, afin de se la rendre semblable, en ses beautés et ses excellences divines, autant qu'elle peut l'être ? Il met en elle tout ce qu'il sait, tout ce qu'il voit contribuer à rendre une âme parfaite. Il la rend tellement digne de porter son Fils unique, que ce même Fils, en sortant de son sein éternel, trouve hors de lui une demeure en rapport avec la grandeur de sa divine personne. Le Fils de Dieu lui-même, la considérant déjà comme sa mère, la prépare à cette sainte et auguste dignité, et enfin le Saint-Esprit, la regardant comme son sanctuaire le plus parfait, après la sainte humanité du Sauveur, comme la puissance du Père la rend plus forte que Judith ; la sagesse du Fils la rend plus belle mille fois que Rachel ; l'amour du Saint-Esprit, plus aimable qu'Esther. Tout ce qui avait été épars et répandu dans les âmes justes, elle le contient elle seule ; non seulement les perfections de ces femmes fortes et saintes qui l'avaient figurée, mais encore celles de tous les saints. Dans ce moment, Dieu réunit et renferme en elle toutes les perfections qu'il avait répandues dans les âmes justes de l'ancienne loi, ou plutôt elle a seule plus de l'esprit de Jésus-Christ que n'en avaient possédé tous les prêtres, les patriarches, les juges, les prophètes, les rois, que tous les saints de l'Ancien Testament et les justes de la gentilité tous ensemble. »

Ce que les auteurs mystiques décrivent en elle, c'est sa modestie et son humilité. Dieu a inversé par l'Incarnation toutes les lois, toutes les règles et tous les canons.

Les peintres du Siècle d'or se sont beaucoup inspirés des mystiques, de leurs visions, mais aussi de l'esprit qu'ils transmettaient. L'art baroque du XVIIème siècle est une figuration en mouvement ou les anges sont présents, où l'invisible est traduit par les nuées du ciel, les tentures qui bougent, les voiles qui flottent comme sous l'effet du vent. Tel Murillo, ils saisissent un instant dépassant l'allégorie, sans crainte de l'anecdote qu'il nous raconte en nous proposant une interprétation. Les modèles, il les cherche dans les rues du Séville parmi les gens du peuple pour rendre un réalisme mystique. C'est une leçon pour notre propre art qui est l'union mystique de la divinité et de l'humanité.

Ce tableau du Christ à quatre pattes pour ramasser son vêtement peut choquer les gens pieux, mais Murillo parle de l'abaissement total de Dieu. Il veut qu'on le sache et qu'on le prenne comme modèle. L'ange montre à l'âme du croyant, figurée par un enfant des rues, sur qui il doit se modeler.

Dans ses écrits en date du 31 décembre 1947, Maria Valtorta note : « La taille de Marie : si je la compare à Jésus, à côté de qui je l'ai souvent vue, je lui donnerais 1m65 tout au plus, car le haut de la tête de Marie atteint les épaules de Jésus. Mais elle nous paraît à nous, hommes modernes, plus grande qu'elle ne l'est en réalité, à cause de ses vêtements qui descendent jusqu'à terre. On sait que les longs vêtements font paraître plus grands. » De fait, si Marie arrive au niveau des épaules de Jésus et que nous prenons comme référence le Saint Suaire où sa taille est de 1m80, la Vierge devrait mesurer 1m55. Ce que confirment d'autres voyants.

Elle est toute petite, elle s'abaisse, elle appartient aux Pauvres dans l'Esprit, aux *anavim*. Elle nous abaisse aussi dans notre orgueil. Mais ce processus de mort à l'ego est si douloureux qu'elle nous assiste. Et comme nous le disons souvent, elle nous « infuse » cette valeur suprême qu'est la kénose. Elle détourne nos yeux de tout ce que nous pourrions considérer grand en nous et elle nous fascine par sa toute petitesse. Les statues monumentales qui la représentent en déesse tutélaire, - gardienne de la cité comme la Bonne Mère à Marseille qui fait 11m de haut, et la Vierge du Puy qui la dépasse en taille (elle s'élève sur un piédestal en arkose de Blavozy de 6m70 de haut et mesure elle-même 16m14, pour une circonférence de 17m. Les pieds de la Vierge font chacun 1m92, son avant-bras 3m75, sa main 1m56 et le pourtour de la tête de l'Enfant Jésus 4m80) – ces statues ne lui rendent hommage que parce qu'elle est visible de loin et attire le regard et, espérons-le, le cœur des humbles vers elle.

Quand nous vivons avec Elle, nos yeux considèrent les grands de ce monde et leur gloire comme de la paille, et nous nous mettons à admirer les humbles et à aimer les plus pauvres. Christian Bobin a raison : Dieu n'est pas le Très-Haut, il est le Très-Bas. Celui qui aime Marie cherche l'anonymat, la discrétion, car sa colombe vit au creux du Rocher. Saint François la connaît intimement, c'est pourquoi il l'appelle sa Poverella, sa petite Pauvre. Il n'est pas trop grand pour moi ce Dieu qui tient entre quatre clous.

Un jour de Noël, nous avons assisté à une apparition de la Vierge chez un ami mystique. Elle vint avec l'Enfant-Jésus dans ses bras. Au bout d'un moment, elle se pencha vers le voyant et il sentit sa chevelure effleurer son visage. Elle déposa l'Enfant entre ses mains qu'il approcha de son visage et parla d'une manière enfantine (et non infantile) avec l'Enfant-Dieu. Puis délicatement il s'approcha de nous pour nous prêter le Bébé. Avec une certaine impatience il corrigea la position de nos bras pour que le gauche touche presque le corps. Il était si petit ! Nous ne l'avons pas vu avec les yeux de la chair, ce sera pour une autre fois, mais nous l'avons senti presque en apesanteur, nous avons perçu sa taille minuscule. C'était Dieu livré à un pauvre homme. Le même voyant affirme : « Quand je dis que je vois la Vierge, peut-être que je me trompe, mais quand je dis que je vois Jésus dans les pauvres, je sais que je ne me trompe pas. »

MATER DOLOROSA

Nous avons pensé qu'il était bon d'inaugurer ce chapitre sur les souffrances co-rédemptrices de Marie par un témoignage que nous commenterons sur le plan théologique et théologal.

Témoignage

« *Je voudrais dire d'emblée que je considère la souffrance comme un mal, la souffrance des autres d'abord qui me fait ressentir d'emblée mon impuissance à la soulager. La souffrance des innocents d'abord, mais qui est innocent ? Qui mérite de souffrir ? Cependant la souffrance des martyrs m'a toujours interrogé, ces gens-là semblaient la désirer ardemment et leur visage souriant et rayonnant dans l'arène me montrait qu'il y avait une manière de souffrir au-delà de la douleur, une souffrance transfigurée, une souffrance qui au lieu de les abattre, les élevait et qu'une force surnaturelle leur était donnée. J'ai pu voir, récemment des photos de martyrs de Daech où une telle lumière, un tel bonheur était visible sur leur visage.*

J'ai toujours eu peur de la souffrance comme ces gens qui disent : je n'ai pas peur de mourir, mais j'ai peur de souffrir. Quand j'étais enfant j'aimais beaucoup écouter les Passions de Jean-Sébastien Bach. Je ressentais la gravité et le tragique de ce que le Christ avait souffert, mais les chorals entre les dialogues étaient empreints d'une grande beauté faite de sérénité et de reconnaissance. J'avais une conception très esthétique de la Passion.

Mais quand j'ai lu la vie du Padre Pio je fus révolté, pourquoi tant de souffrances chez un homme qui revit la Passion du Christ ? J'entendis aussi parlé de Marthe Robin et du Père Finet et de cette confidence qu'il avait faite : « Marthe est la femme qui a le plus souffert au monde après la Vierge Marie. » Marie avait-elle tant souffert ? Et pourquoi une femme de notre époque souffrait-elle autant ? La Bonne Nouvelle n'était- elle pas une annonce joyeuse de notre libération et de notre salut ? Une parole de Paul me demeurait elle aussi énigmatique : « D'ailleurs, selon la Loi, presque tout est purifié par le sang, et sans effusion de sang il n'y a point de rémission » (He 9,22)

J'ai vécu une conversion profonde à Medjugorje où on est plongé dans la prière au moins cinq heures par jour. J'ai connu une immersion dans la Gospa comme si elle déployait en moi les grâces de mon baptême. On m'a parlé d'un livre de consécration à la Vierge sur trente-trois jours, ce que j'ai fait tant bien que mal et peu de temps après on m'a offert le Secret de Marie de saint Louis-Marie Grignion de Montfort. Je me rendis compte que la Vierge m'aimait vraiment et voulait me conduire plus loin. Je me suis totalement consacré dans la foi et la confiance, je pris Marie chez moi, comme une Mère, une fiancée et une sœur. Depuis, je me réveille avec elle et je m'endors avec elle, je ne la quitte jamais, je veille sur elle en moi et elle me transforme. Elle me couvre de son ombre et me remplit des lumières de l'Esprit. La première grâce que je reçus sans que je ne fasse aucun effort c'est celle de la chasteté. Je suis d'une nature plutôt bouillante et j'ai connu bien des combats entre mes pulsions depuis l'adolescence et mon désir d'être saint, j'étais pris entre deux pulsions dont l'une me culpabilisait et je me sentais indigne de progresser parce que j'étais toujours vaincu, empoisonné par mes pensées et des désirs insensés. Lavé par la confession, je savais que j'allais recommencer. Et puis soudain, plus aucune pensée, plus aucune imagination et mon regard sur les femmes devint un regard d'émerveillement, je me répétais : Tu es bénie dans toutes les femmes. Cette grâce me prouva que je n'étais pas dans l'illusion et je devais persévérer dans cette pratique d'abandon dans le Moule de Marie.

Le film sur la Passion m'avait terriblement impressionné et indigné, il manquait quelque chose d'essentiel. Je vis plutôt les fantasmes sanguinaires de Mel Gibson qu'une véritable représentation de la Passion. Mais maintenant je peux constater que mon regard sur les images de la Passion me remplit d'amour, de tendresse et de reconnaissance. Par les yeux de Marie je vis que cette souffrance était indissociable de l'amour et d'un amour extrême. Je commençai alors à désirer souffrir pour aimer davantage. »

Le dolorisme du XIXème siècle frise le blasphème, Marie ne pouvait connaître le désespoir qui l'aurait poussée à une expression hystérique. Comment considérer que le Christ en croix de Mel Gibson traduit une oblation d'amour ? Il se rapproche plus du retable d'Issenheim qui est une horreur sur le plan théologique et résulte d'une projection psychologique des malheurs d'une époque rassasiée par des visions d'horreur, de cadavres, de corps torturés par la guerre, la peste, la faim. « On ne me prend pas ma vie, c'est moi qui la donne » déclare Jésus (Jn 10,18). Cette offrande volontaire doit être belle, non pas esthétique, mais belle.

La réforme des images qui s'initia au cours du Concile de Trente voulut bannir l'humanisme qui avait contaminé l'art chrétien et il interdit de représenter la « pâmoison » de Marie au pied de la croix. La Vierge est restée debout alors qu'un glaive lui transperçait le cœur en même temps que la lance ouvrait le cœur de Jésus, les unissant pour toujours dans un même mystère, noces de sang, noces d'amour donnant naissance à l'Église. Jamais la foi, l'espérance et l'amour ne furent aussi forts en elle qu'en ce moment-là.

Sur le retable d'Issenheim, la Vierge est évanouie, en pâmoison, son visage est d'une lividité cadavérique, tout est tétanisé, Marie-Madeleine exprime une douleur hystérique. Le visage de Jésus est abominable. Cette œuvre évoque un art religieux d'après Auschwitz dont nous trouvons des exemples dans nos églises aujourd'hui. C'est plus que du dolorisme, c'est un nihilisme qui trahit la terrible beauté de la Passion. Elle annonce l'art postmoderne, privé de Dieu, privé du sens, mais dominé par Mammon.

« Prête-moi ton cœur

En ton cœur pur, Marie, Ô Vierge unique, Je viens puiser le plus parfait amour, Pour réjouir le Cœur eucharistique, Ah ! Prête-moi tes ardeurs, sans retour.

En ta sainte âme, ô fournaise mystique, Je viens puiser l'amour adorateur, Pour rendre hommage au Cœur eucharistique, Vierge d'amour, ah ! Prête-moi ton Cœur.

Notre-Dame, abîme séraphique Je viens puiser l'amour réparateur, Pour consoler le Cœur eucharistique, Mère d'amour, ah ! Prête-moi ton Cœur.

Auprès de toi, Souveraine angélique, Je viens puiser l'amour imitateur, Pour copier le Cœur eucharistique, Reine d'amour, ah ! Prête-moi ton Cœur !
(Bienheureuse Dina Bélanger)

La véritable attitude de Marie au pied de la croix nous infuse une nouvelle aptitude à supporter la souffrance

« L'évangéliste raconte : "Au pied de la Croix se trouvait Marie" (Jn 19, 25). Sa douleur forme un tout avec celle de son Fils. C'est une douleur pleine de foi et d'amour. La Vierge sur le Calvaire participe à la puissance salvifique de la souffrance du Christ, unissant son "fiat" à celui de son Fils. Chers frères et sœurs, spirituellement unis à Notre-Dame des Douleurs, renouvelons, nous aussi, notre "oui" à Dieu qui a choisi le chemin de la Croix pour nous sauver. Il s'agit d'un grand mystère qui continue de s'accomplir, jusqu'à la fin du monde, et qui requiert également notre collaboration. Que Marie nous aide à prendre chaque jour notre croix et à suivre fidèlement Jésus sur le chemin de l'obéissance, du sacrifice et de l'amour. » (Benoît XVI - Angélus, 17 septembre 2006)

« Votre peine, Vierge sacrée, a été la plus grande qu'une pure créature ait jamais endurée ; car toutes les cruautés que nous lisons que l'on a fait subir aux martyrs, ont été légères et comme rien en comparaison de votre douleur. Elle a été si grande et si immense qu'elle a crucifié toutes vos entrailles et a pénétré jusque dans les plus secrets replis de votre cœur. Pour moi, ma très pieuse Maîtresse, je suis persuadé que vous n'auriez jamais pu en souffrir la violence sans mourir, si l'esprit de vie de votre aimable Fils, pour lequel vous souffriez de si grands tourments, ne vous avait soutenue et fortifiée par sa puissance infinie. » (Saint Anselme)

« Regardez et voyez s'il y a une douleur pareille à ma douleur ? Écoutons cette lamentation de Marie, la Vierge Mère. Contemplons cette douleur poignante et nous le verrons : il n'est pas de douleur pareille à sa douleur, si ce n'est la douleur de ce Fils où la sienne se modèle ; puisque, ô surprise à peine croyable, c'est une vraie compassion qui l'étreint, et que les mots d'une langue humaine ne sauraient exprimer. Car faisant rejaillir sur soi les douleurs, les blessures, les outrages de son Fils, elle les subissait dans sa propre personne, ressentant ce qui se trouvait dans le Christ Jésus. En son âme, debout près du Christ, elle partageait son martyre ; blessée de sa blessure, crucifiée au crucifix, percée du même glaive. Car son âme fut transpercée par le glaive de la Passion du Christ. » (Saint Bonaventure)

Un des plus beaux textes sur Marie, Mater Lacrimosa, sur ses larmes, se trouve dans la littérature française, sous la plume du fougueux Léon Bloy, que nous aimons appeler le Fou Gueux.
« Les Larmes de la Mère des Douleurs remplissent l'Écriture et débordent sur tous les siècles. Toutes les mères, toutes les veuves, toutes les vierges qui pleurent n'ajoutent rien à cette effusion surabondante qui suffirait pour laver les cœurs de dix mille mondes désespérés. Tous les blessés, tous les dénués et tous les opprimés, toute cette procession douloureuse qui encombre les atroces chemins de la vie, tiennent à l'aise dans les plis traînants du manteau d'azur de Notre-Dame des Sept-Douleurs. Toutes les fois que quelqu'un éclate de pleurs, dans le milieu de la foule ou dans la solitude, c'est elle-même qui pleure, parce que toutes les larmes lui appartiennent en sa qualité d'Impératrice de la Béatitude et de l'Amour. Les Larmes de Marie sont le Sang même de Jésus-Christ, répandu d'une autre manière, comme sa Compassion fut une sorte de crucifiement intérieur pour l'Humanité sainte de son Fils. Les Larmes de Marie et le Sang de Jésus sont la double effusion d'un même cœur et l'on peut dire

que la Compassion de la Sainte Vierge était la Passion sous sa forme la plus terrible. C'est ce qu'expriment ces paroles adressées à sainte Brigitte : «L'affliction du Christ était mon affliction parce que son cœur était mon cœur ; car comme Adam et Ève ont vendu le monde pour une seule pomme, mon Fils et moi, nous avons racheté ce monde avec un seul Cœur. » (Léon Bloy – Les larmes de Marie)

« Il ne convenait pas non plus que Marie fût au-dessous de ce qu'exigeait la dignité de Mère de Dieu ; aussi tandis que les apôtres ont pris la fuite, elle se tient debout au pied de la croix, elle jette des regards pieusement attendris sur les blessures de son Fils, parce qu'elle considère non la mort de son Fils chéri, mais le salut du monde. » (Saint Ambroise)

Journal intime de Marthe Robin
« La maladie est une grâce adorable, une incomparable richesse. Ah ! que la grâce de la souffrance révèle de beautés, apprend de grandes choses ! Souffrir sert d'abord à nous, souffrir sert à tout et à tous. Souffrir apprend à aimer, à prier, à méditer, à se renoncer. Souffrir apprend la charité, l'abandon à Dieu, le détachement. Souffrir apprend à voir, à comprendre. Souffrir apprend à soulager, à compatir, à consoler ceux qui souffrent. Ce mot sauveur, ce baume mystérieux, cette goutte d'huile sacrée, cet accent divin qui relève, adoucit, réconforte, rien ne le donne à une âme que la science personnelle de la souffrance. Et le don de savoir consoler est par surcroît la plus douce des consolations. Souffrir apprend encore à mieux souffrir et à moins faire souffrir les autres de nos souffrances !... Enfin, souffrir nous fait semblables au Christ et nous unit à Dieu ! Mais que faisons-nous de nos heures de souffrances ?... C'est dans sa sainte Passion, c'est dans la souffrance que le Christ s'est le plus rapproché de notre humaine faiblesse; c'est dans la douleur qu'il nous rapproche le plus près de lui, qu'il nous prend en sa plus intime compagnie.
Les maux que nous subissons ne sont pas toujours des châtiments mérités, ils sont souvent des épreuves et même des grâces exceptionnellement accordées à notre confiance, à notre fidélité à remplir nos devoirs de chrétiens.
Notre-Seigneur, la très Sainte Vierge, ne méritaient pas ce qu'ils ont dû subir !
Qu'est-il cependant résulté de leurs terribles épreuves ? Pour Dieu, sa divine justice satisfaite, apaisée. Pour lui, le Christ Sauveur, la réalisation complète de son plan de Rédemption. Pour la Sainte Vierge, une gloire et une félicité qui surpassent de bien haut celles de tous les élus. Et pour le genre humain, voué au supplice de l'Enfer, le salut éternel. Ah ! certes, pour sauver le monde, pour

payer au Père la dette de l'homme coupable, un mot, un soupir du Fils aurait suffi, sa valeur étant infinie ; mais l'homme n'aurait pas compris la grandeur de sa faute, il n'aurait pas senti l'horreur de sa révolte contre son Créateur. C'est pourquoi il faut tout cet amoncellement de souffrances du Fils et de sa Sainte Mère, pour faire comprendre à l'humanité pervertie la grandeur de l'offense commise par ceux qui ont contribué à la Passion du Christ, au martyre de la Sainte Vierge.

Je vis en Dieu, portant sa vie, sentant en moi sa force et son amour, goûtant sa joie, dans une si douce et si intime union que toutes mes souffrances, toutes mes peines en sont changées en joies. »

La gloire et la beauté cachée de Marie

3. Vous êtes, ô Marie, la demeure de Dieu, et vous êtes encore, ô Marie, la porte du ciel, le jardin des délices, la source des grâces, la gloire des anges, le salut des hommes. Vous êtes l'art de la vie, l'éclat des vertus, la lumière du jour, l'espoir des malheureux, la santé des malades, la mère des orphelins. 4. Ô Vierge des vierges, toute belle et suave, vous avez encore dans vous, ô Marie, l'éclat de l'étoile, le charme de la rose, la beauté de l'aurore, la douceur de la lune, la profondeur de la perle, l'éclat du soleil. (Imitation)

Tu es toute belle, Marie, et la faute originelle n'est point en toi.
Ton vêtement est blanc comme neige, et ton visage pareil au soleil.
Tu es toute belle, Marie, et la faute originelle n'est point en toi.
Toi, la gloire de Jérusalem, toi la joie d'Israël, toi qui es l'honneur de notre peuple.
Tu es toute belle, Marie.
Tota pulchra es, Maria, et macula originalis non est in te.
Vestimentum tuum candidum quasi nix, et facies tua sicut sol.
Tota pulchra es, Maria, et macula originalis non est in te.
Tu gloria Jerusalem, tu laetitia Israel, tu honorificentia populi nostri.
Tota pulchra es, Maria.

La Gloire comme beauté

Le vocabulaire liturgique évoque souvent la gloire. Les fêtes sont marquées par le chant du Gloria, la conclusion du Notre Père appelée doxologie déclare : "Car c'est à toi qu'appartiennent le Règne, la Puissance et la Gloire", manifestant par là, l'intention du chrétien de ne reconnaître à nul autre qu'à Dieu cet attribut.

L'étymologie hébraïque nous apprend d'entrée de jeu que la gloire est insoutenable pour la condition humaine. En effet, Kavod signifie ce qui est lourd, le poids. On oppose souvent la pesanteur et la grâce comme si la grâce était légère alors que la légèreté dans la mentalité biblique est associée à l'inconsistance, comme dans le premier verset de l'Ecclésiaste : "vanité des vanités" devrait littéralement être traduit par "buée des buées" c'est-à-dire buée suprême, inconsistance. Dieu, lui, est consistant, pesant, réel et confère à l'homme dont la vie ne serait que vide sans lui, sa consistance et son poids. Nous pourrions dire qu'avec Dieu l'homme fait le poids, sans lui sa vie n'est qu'un souffle.

Aussi, étudier dans la Bible le mot 'gloire' c'est entrer dans l'intention de Dieu de partager sa gloire avec l'homme, c'est découvrir les étonnants chemins qu'il a empruntés dans son grand amour.

Dieu manifeste sa gloire d'abord dans ses théophanies, du grec théos Dieu et phanein briller. Sa gloire sera donc lumineuse, d'une insoutenable clarté, elle sera accompagnée de voix. Le vocabulaire laïc ne retiendra de la gloire que le rayonnement, la recherche de la gloire consistera à vouloir briller aux yeux des hommes, à faire briller des valeurs bien éphémères, c'est la vaine gloire.

Cette idée de rayonnement est pourtant très belle bien qu'elle ne considère que l'aspect extérieur d'une réalité qui touche à l'essence même des êtres et des choses. C'est ainsi que l'on pourra dire avec le livre des Proverbes que "la force est la gloire des jeunes gens" (Pr 20.29) et que "les pères sont la gloire des enfants" (Pr 17.6) et dans l'épître aux Corinthiens "la chevelure est la gloire de la femme" (1Co 11.15). La chevelure est comparée au soleil rayonnant. Samson, Shimshon en hébreu, dont le nom est parent de shemesh le soleil, tirait sa force, sa consistance de son rayonnement capillaire !

Dieu s'est fait discret

La liturgie eucharistique emprunte son « Sanctus » à la manifestation glorieuse de Dieu à Isaïe dans le Temple (Is 6,1-3). Alors que le sanctuaire résonne du chant des anges et que gronde comme un orage la proclamation de la sainteté du Dieu des armées célestes, Adonaï Tsevaoth, nous pouvons entendre cette étonnante affirmation : « Le ciel et la terre sont remplis de sa gloire ! » Cette présence de Dieu au monde est discrète et pourtant si manifeste à celui qui reconnaît le Créateur dans toutes ses créatures qu'il a faites avec sagesse et par amour. L'homme est lui-même la gloire de Dieu ou du moins c'est sa vocation de manifester le rayonnement divin au milieu du monde. L'apôtre ne dit-il pas que nous devons briller comme des flambeaux dans le monde ? Mais l'homme pécheur a perdu son éclat, il a perdu la plénitude de la vie dont saint Jean dit qu'elle est la lumière des hommes. Il lui faut donc retrouver la vie pour répondre à cette vocation que saint Irénée évoque lorsqu'il écrit : « La gloire de Dieu c'est l'homme vivant. »

Le chemin de la gloire n'est pas ascendant, Adam chassé du Paradis n'a pas la force de remonter la pente qu'il a dévalée. C'est à Dieu de descendre.

Les théophanies avec leur caractère insoutenable (nul ne peut voir la gloire de Dieu et vivre) seront ponctuelles. Ces interventions dramatiques ne se produisent qu'en cas d'urgence. Quand le Seigneur décide de demeurer au milieu de son peuple, il se cache dans la nuée, nous pourrions dire qu'à l'instar de Moïse sur le Sinaï, il se voile la face pour ne pas aveugler les hommes.

« Adonaï descendit dans la nuée, et parla à Moïse ; il prit de l'esprit qui était sur lui et le mit sur les soixante-dix anciens. » (Nb 11,25)

« Adonaï descendit dans une nuée, se tint là auprès de lui et proclama le nom d'Adonaï. » (Ex 34,5)

Souvenons nous que la colonne de nuée se tenait soit devant le peuple soit à l'arrière pour le protéger, ténébreuse pendant le jour et lumineuse pendant la nuit pour guider le peuple. C'est déjà le mystère de l'Incarnation qui est prophétisé. La nuée est de l'eau puisque c'est un nuage et la présence est du feu, deux natures apparemment contraires qui s'épousent pour que Dieu soit Emmanuel, Dieu avec nous, au milieu de son peuple dans l'alliance des deux natures divine et humaine.

Mais il va faire plus fort pour annoncer sa théophanie dans un tout petit enfant, dans un anéantissement, dans une kénose. C'est ce que la théologie juive appelle le Tsimtsoum, le retrait, le rétrécissement, concentration de tout ce qu'il est, de l'infini sous une forme de toute petitesse. En effet, la gloire de Dieu va résider entre les deux chérubins sur l'Arche d'Alliance. Comme le dit le poète, il n'est pas trop grand pour moi, ce Dieu qui s'est fait si petit.

« Lorsque Moïse entrait dans la tente d'assignation pour parler avec Adonaï, il entendait la voix qui lui parlait du haut du propitiatoire placé sur l'arche du Témoignage, entre les deux chérubins. Et il parlait avec Adonaï. » (Nb 7, 89)

La gloire de Dieu est également personnifiée par la shekhina, son caractère féminin nous permet de l'identifier comme l'Esprit-Saint (Esprit est féminin en hébreu) lui qui remplit tout et qui est partout présent.

La glorification de l'homme

À la Nativité, les anges proclameront la gloire de Dieu. Elle qui remplit les cieux s'est faite toute discrète dans la crèche. La gloire du Christ est cachée, elle ne se révèle que dans les mystères glorieux de la Transfiguration, de la Résurrection et de l'Ascension. Le tropaire byzantin de la Transfiguration chante : « Tu t'es manifesté, ô Christ notre Dieu, montrant à tes disciples ta gloire autant qu'il leur était possible de la voir. » Avec la naissance de l'Eglise les disciples du Christ sont appelés à partager sa gloire, à être glorifiés comme l'exprime saint Paul par l'admirable formule « de gloire en gloire » qui pourrait être la devise du chrétien, particulièrement dans les temps difficiles : « Or, le Seigneur c'est l'Esprit ; et là où est l'Esprit du Seigneur, là est la liberté. Nous tous qui, le visage découvert, contemplons comme dans un miroir la gloire du Seigneur, nous sommes transformés en la même image, de gloire en gloire, comme par le Seigneur, l'Esprit. » (2Co 3,18)

La force

On trouve en hébreu un relativement grand nombre de mots pour traduire l'idée de force qui s'appliquent d'abord à Dieu, comme Oz force rayonnante, hail apparenté au vocabulaire militaire, la force combattante, koah et hazak force physique ou spirituelle qui se traduit par des actes. Il nous faut bien constater que notre vocabulaire français est bien pauvre pour rendre toutes ces nuances. Si la liturgie orientale a gardé l'antique invocation au Dieu Saint, Dieu Fort, Dieu Immortel que seule une litanie du Vendredi Saint conserve dans le rite latin, nous ne méditons guère aujourd'hui sur la force de Dieu. Serait-il un Hercule dont nous devrions admirer les biceps ? Le vocabulaire biblique, dont l'anthropomorphisme est riche en signification allégorique, évoque le bras de Dieu toujours prêt à sauver « à bras fort et à main étendue ».

La force de Dieu

Le monde biblique contemple la force de Dieu dans la création. Nous pourrions parler d'une force organisatrice, celle qui préside au big bang et qui, tel un formidable élan vital, continue dans l'expansion du cosmos. Sans cette force divine, le monde ne pourrait tenir. De plus la force est étrangère à l'homme naturel comme l'exprime si bien le psaume 62, car elle se traduit par la violence et l'injustice. Le peuple d'Israël ne peut pas compter sur sa propre force, car alors sa victoire a un goût de défaite. Quand l'homme triomphe, Dieu ne peut pas être victorieux selon ses desseins. Cette force est créatrice et ne peut détruire.

« Oui, mon âme, confie-toi en Dieu ! Car de lui vient mon espérance. Oui, c'est lui qui est mon rocher et mon salut, ma haute retraite, je ne chancellerai pas. Sur Dieu reposent mon salut et ma gloire, le rocher de ma force, mon refuge, est en Dieu. En tout temps, peuples, confiez-vous en lui, répandez vos cœurs en sa présence ! Dieu est notre refuge, -Sélah ! Oui, vanité, les fils de l'homme ! Mensonge, les fils de l'homme ! Dans une balance ils monteraient tous ensemble, plus légers qu'un souffle. Ne vous confiez pas dans la violence, et ne mettez pas un vain espoir dans la rapine, quand les richesses s'accroissent, n'y attachez pas votre cœur. Dieu a parlé une fois, deux fois j'ai entendu ceci : C'est que la force est à Dieu. À toi aussi, Seigneur, la bonté, car tu rends à chacun selon ses œuvres. » (Ps 62, 5-12)

Dieu est la force de l'homme

C'est une constante dans la Bible, que Dieu choisit ce qui est faible pour confondre ce qui est fort afin que seule sa force paisible puisse s'exercer dans le monde et puisse porter des fruits. Songeons au peuple d'Israël si souvent découragé par sa faiblesse et par la puissance humaine de ses ennemis. C'est souvent au bord du désespoir et au dernier moment que se déploie la force divine. Moïse et les enfants d'Israël, pris en tenaille entre les chars de Pharaon et les flots de la Mer rouge, ne peuvent que s'en remettre à Dieu. Aussi chantèrent- ils après le passage de la Mer rouge : « Le Seigneur est ma force et le sujet de mes louanges, c'est lui qui m'a sauvé. Il est mon Dieu, je le célébrerai, Il est le Dieu de mon père, je l'exalterai. » (Ex 15,2)

Il nous faut retenir un autre passage du livre des Nombres où l'homme biblique est confronté à sa propre faiblesse. Moïse avait envoyé des espions en Terre promise et ils reviennent découragés et décourageants. Certes, ils ont découvert un pays prospère où coulent le lait et le miel, ils ont bien ramené une énorme grappe de raisin, mais le pays est peuplé de géants !

« Les hommes qui y étaient allés avec lui, dirent : "Nous ne pouvons pas monter contre ce peuple, car il est plus fort que nous." Et ils décrièrent devant les enfants d'Israël le pays qu'ils avaient exploré. Ils dirent : "Le pays que nous avons parcouru pour l'explorer, est un pays qui dévore ses habitants, tous ceux que nous y avons vus sont des hommes d'une haute taille et nous y avons vu les géants, enfants d'Anak, de la race des géants, nous étions à nos yeux et aux leurs comme des sauterelles. » (Nb 13,31-33)

Vaincre le complexe de la sauterelle

Nous devrions méditer plus souvent cette page d'Écriture sainte, car elle nous parle tellement de notre condition de croyants en proie au doute et au découragement. Nous avons reçu des promesses, nous avons des consignes, mais il nous semble que ce que Dieu nous demande dépasse nos capacités. « C'est un pays qui dévore ses habitants ! » que le royaume qui nous est promis. La sanctification nous paraît impossible et les ennemis intérieurs et extérieurs bien plus puissants que nous. Aussi sommes-nous amenés à douter de nos forces ou plutôt du secours de la force de Celui qui nous a fait des promesses et qui a suscité en nous des désirs de conquête. Nos ennemis sont ses ennemis et c'est lui qui les combattra. Les fils d'Israël se ressentaient comme des sauterelles face à des géants qui auraient pu les écraser du talon, mais ces géants ne sont que de la poussière en face du Créateur.

La force de Marie

« Je puis tout en celui qui me rend fort »

Au terme de l'histoire biblique, une faible jeune fille s'écrie : « Il a déployé la force de son bras, Il a dispersé ceux qui avaient dans le cœur des pensées orgueilleuses. » (Lc 1,51) La Vierge Marie est forte comme une armée rangée en bataille parce qu'elle a mis tout son espoir en Dieu, parce qu'elle a dit « qu'il me soit fait selon sa volonté », parce que le Christ vit en elle et qu'elle ne compte que sur lui.

Déjà Moïse éduquant Josué ne cessait de lui répéter : « Fortifie-toi et prends courage. » A sa suite saint Paul nous dit : « Au reste, fortifiez-vous dans le Seigneur, et par sa force toute- puissante. Revêtez-vous de toutes les armes de Dieu, afin de pouvoir tenir ferme contre les ruses du diable. Car nous n'avons pas à lutter contre la chair et le sang, mais contre les dominations, contre les autorités, contre les princes de ce monde de ténèbres, contre les esprits méchants dans les lieux célestes. C'est pourquoi, prenez toutes les armes de Dieu, afin de pouvoir résister dans le mauvais jour, et tenir ferme après avoir tout surmonté. » (Ep 6,10-13)

Un chrétien qui contemple sa faiblesse est perdu dans le combat, il est une sauterelle face à des puissances d'autant plus terrifiantes qu'elles sont invisibles. Il nous faut nous fortifier en prenant conscience que le Christ est en nous et qu'il nous revêt afin de triompher dans les épreuves et dans le combat quotidien.

Notre faiblesse humaine, au lieu de nous décourager, doit nous réjouir, car elle nous apprend que nous ne pouvons pas compter sur nous-mêmes, mais sur Celui qui nous rend forts. Nous pouvons dire alors avec saint Paul : « C'est pourquoi je me plais dans les faiblesses, dans les outrages, dans les calamités, dans les persécutions, dans les détresses, pour Christ, car, quand je suis faible, c'est alors que je suis fort. » (2Co 12,10)

MARIE MÈRE DE L'ÉGLISE

Parce qu'elle est la Mère de Jésus, Marie est Mère de son Corps qui est l'Église et comme nous aimons Jésus nous devons aimer l'Église. Il y a ce que nous voyons et que nous croyons connaître, mais il y a tellement plus. L'Église, tout comme le Corps du Christ, s'étend de la terre au Ciel et du Ciel à la terre. Pour prendre une métaphore, nous pourrions dire que ce que nous voyons est le pan du manteau qui traîne dans la poussière de la terre et souvent dans la boue. Une autre image nous est donnée par la Bible : l'échelle de Jacob qui va de ta terre au Ciel et sur laquelle montent et descendent les anges de Dieu. Or, souvenons-nous de ce que Jésus a déclaré à ses disciples : « En vérité, en vérité, je vous le dis, vous verrez le ciel ouvert et les anges de Dieu monter et descendre au-dessus du Fils de l'homme. » (Jn 1,51) Et que font ces anges ? Ils montent avec la louange et l'amour du peuple de Dieu et ils descendent avec toutes sortes de grâces dont celles des sacrements. Ne disons-nous pas dans la Messe en parlant de l'offrande eucharistique : « Qu'elle soit portée par ton ange en présence de ta gloire céleste » ? On oppose une ecclésiologie descendante à une ecclésiologie ascendante alors que les deux sont complémentaires. L'Église est un corps vivant, un corps en mouvement.

Derrière ce que nous voyons de l'Église, il ne faut pas perdre de vue ce qui est invisible, car c'est un mystère que nous sondons à peine.

Ce qui est infaillible est porté par des hommes faillibles et il semble bien que Jésus ait choisi ses apôtres parmi les plus faillibles des hommes. Beaucoup de grands mystiques et de saints furent persécutés par l'Église, mais leur amour pour ce mystère en est ressorti magnifié. C'est d'ailleurs un critère de discernement important qui s'applique à tous les fidèles. Quand j'étais enfant, j'avais été frappé par une phrase d'un adulte : « Quand on va à Rome, soit on perd la foi, soit on devient un saint. » Le choix est tout fait.

La Petite Thérèse était extrêmement lucide sur les hommes d'Église quand, à quatorze ans, elle s'est rendue à Rome, mais elle a déclaré deux choses importantes : « Je suis fille de l'Église » et « Dans le cœur de l'Église, ma mère, je serai l'amour. »

Nous pouvons, pour fortifier notre amour de l'Église, faire nôtre cette phrase de saint Paul :

« Comme s'il voyait l'invisible, il tint ferme. » (He 11,27)

Rejeter l'Église c'est rejeter Marie, c'est désespérer d'elle qui agit comme « un principe », pour reprendre l'expression de Balthasar, au sein du Corps mystique du Christ. Accepter le rôle de Marie et faire confiance à ce « principe », c'est espérer contre toute espérance dans les temps les plus difficiles où notre cœur doit demeurer fidèle.

En Marie l'Église est déjà une épouse belle, sans ride ni tache

« Alors je vis un ciel nouveau et une terre nouvelle, car le premier ciel et la première terre ont disparu et la mer n'est plus. Et la cité sainte, la Jérusalem nouvelle, je la vis qui descendait du ciel, d'auprès de Dieu, comme une épouse qui s'est parée pour son époux. » (Ap 21,1-2)

« Il a ainsi voulu se présenter cette Église à lui-même, rayonnante de beauté, sans tache, ni ride, ni aucun défaut, mais digne de Dieu et irréprochable, il a voulu son Église sainte et irréprochable. » (Ép 5,26-27)

La Constitution « Lumen gentium » ajoute encore : "Cependant, si l'Église, en la personne de la bienheureuse Vierge, atteint déjà à la perfection qui la fait sans tache ni ride (cf. Ep 5,27), les fidèles du Christ, eux, sont encore tendus dans leur effort pour croître en sainteté par la victoire sur le péché : c'est pourquoi ils lèvent les yeux vers Marie comme modèle des vertus qui rayonne sur toute la communauté des élus" (n. 65). La sainteté est la perfection de la charité, de cet amour pour Dieu et pour le prochain qui est l'objet du plus grand commandement de Jésus (cf. Mt 22,38), et qui est également le plus grand don de l'Esprit- Saint (cf. 1Co 13,13). Ainsi, dans ses Cantiques, saint Louis-Marie présente successivement aux fidèles l'excellence de la charité (Cantique 5), la lumière de la foi (Cantique 6) et la solidité de l'espérance (Cantique 7). (JPII - Lettre aux Montfortains)

LA KÉNOSE DE L'ÉGLISE ET LA GRANDE APOSTASIE

Tous les mystiques que nous connaissons s'accordent sur une même vision prophétique pour les temps qui viennent dans l'Église et sont en harmonie avec ce que Jésus avait dit à Marthe Robin : « Il n'y aura plus rien… sauf des foyers d'amour et de charité qui seront les lieux uniques de la grande résurrection. » (Nous citons de mémoire, Marthe ayant redit et commenté cette prophétie à plusieurs prêtres qui nous l'ont rapportée). Un autre mystique parle de buisson d'épines et de-ci de-là il restera des petits jardins où fleurira la Rose Mystique, Rosa Mystica, comme il est dit dans le Cantique des cantiques : « Comme un lis parmi des ronces, telle est ma compagne parmi les filles. » Shoshana qui a donné le prénom Suzanne peut être traduit par rose ou par lys. (Cantique 2,2)

L'Épreuve ultime de l'Église

Du Catéchisme de l'Eglise Catholique. :
675. « Avant l'avènement du Christ, l'Église doit passer par une épreuve finale qui ébranlera la foi de nombreux croyants (cf. Lc 18,8 ; Mt 24,12). La persécution qui accompagne son pèlerinage sur la terre (cf. Lc 21,12 ; Jn 15,19-20) dévoilera le "mystère d'iniquité" sous la forme d'une imposture religieuse apportant aux hommes une solution apparente à leurs problèmes, au prix de l'apostasie de la vérité. L'imposture religieuse suprême est celle de l'Anti-Christ, c'est-à-dire celle d'un pseudo-messianisme où l'homme se glorifie lui-même à la place de Dieu et de son Messie venu dans la chair (cf. 2Th 2,4-12 ; 1Th 5,2-3 ; 2Jn 7 ; 1 Jn 2,18-22).

676. Cette imposture antichristique se dessine déjà dans le monde chaque fois que l'on prétend accomplir dans l'histoire l'espérance messianique qui ne peut s'achever qu'au-delà d'elle à travers le jugement eschatologique : même sous sa forme mitigée, l'Église a rejeté cette falsification du Royaume à venir sous le

nom de millénarisme (cf. DS 3839), surtout sous la forme politique d'un messianisme sécularisé, "intrinsèquement perverse" (cf. Pie XI, enc. "Divini Redemptoris" condamnant le "faux mysticisme" de cette "contrefaçon de la rédemption des humbles" ; GS 20-21).

677. L'Église n'entrera dans la gloire du Royaume qu'à travers cette ultime Pâque où elle suivra son Seigneur dans sa mort et sa Résurrection (cf. Ap 19,1-9). Le Royaume ne s'accomplira donc pas par un triomphe historique de l'Église (cf. Ap 13,8) selon un progrès ascendant, mais par une victoire de Dieu sur le déchaînement ultime du mal (cf. Ap 20,7-10) qui fera descendre du Ciel son Épouse (cf. Ap 21,2-4). Le triomphe de Dieu sur la révolte du mal prendra la forme du Jugement dernier (cf. Ap 20,12) après l'ultime ébranlement cosmique de ce monde qui passe (cf. 2 P 3, 12-13). »

TÉMOIGNAGE

Le trésor de la mère appartient à l'enfant

« C'était un 15 août. Pour la jeune « convertie » que j'étais, une conversion si forte qu'elle m'avait fait quitter maison, famille, métier et amis pour rejoindre une communauté religieuse à l'âge de 23 ans, après une éducation culturellement chrétienne mais bien tiède, c'était une première grande fête mariale en communauté. Occasion de réjouissance ?
Mais il se trouvait que quelque temps avant de rejoindre cette communauté pour me donner tout entière à Dieu, Lui qui m'avait tant séduite et comblée de grâces sensibles au début de ma conversion un an auparavant, était soudainement absent. D'un jour à l'autre, le temps d'une veillée pascale, il s'était dérobé... Pire qu'absent, car je le voyais alors comme un « soleil noir » qui me brûlait douloureusement dans un premier temps. Une période de clair-obscur... Puis, plus rien. Plus même ce soleil noir. Il n'y avait plus que le noir, et des raisonnements si puissants et si destructeurs que j'étais persuadée qu'il n'y avait pas Dieu. Tout me prouvait l'absurdité et l'horreur de ce monde. Et Marie, que j'avais tant aimée depuis mon enfance, s'était elle aussi effacée. J'avais beau essayer de la prier, de penser à elle, de regarder une icône, rien. Ne parlons pas du chapelet ou de la prière, qui me repoussaient alors avec force...

Mais ce 15 août, après plusieurs mois de souffrances, de chute dans un néant épais, je rassemblai mes forces pour me rendre jusqu'à une statue de Marie qui surplombait le lieu où je vivais. Je souffrais, j'étais si seule que je me suis dit qu'une promenade ne me ferait pas plus de mal que de rester à me torturer dans ma chambre. Au moins, prendre un peu d'air... Je souhaitais peut-être adoucir un peu ma peine, et je souhaitais ardemment aller aux pieds de cette grande statue au visage si doux, Marie qui portait un Enfant Jésus souriant. Au moins me disais-je dans mes raisonnements, des gens ont peut-être cru en cela, je ne savais pas s'ils avaient fait semblant ou pas de croire en Dieu, s'ils avaient inventé cette figure de vierge-mère comme on la trouve dans d'autres traditions, mais il restait ce visage très doux de cette figure de mère représentée par cette statue, que je pouvais aller voir même si je ne croyais pas, même si j'étais persuadée que je ne croyais plus. Il me semblait que quelque chose m'appelait là. Tourmentée par les discours intérieurs qui me torturaient alors, remettant en cause toute chose, désolée, je me mis en chemin vers Elle.

Je me suis assise devant cette grande statue, regardant vers la nature. Soudain, je me suis sentie comme enveloppée de la présence d'une mère. J'avais clairement la sensation qu'un voile m'enveloppait. Une douceur indicible. Mais ce n'était qu'un début. Car alors, j'ai senti descendre en moi une force d'amour si puissante que j'ai eu la sensation d'être terrassée. Plus aucune conscience du temps, de l'espace... je sentis en moi comme un mouvement de danse circulaire, je sentais l'amour brûlant du Père qui regardait en moi le visage embrasé du Fils, et entre eux, comme un tourbillon de feu et d'amour tournoyant sans cesse de l'un à l'autre, du Père au Fils et du Fils au Père... Je n'ai aucune idée de la durée de cette visite. Je sais juste que je me suis réveillée, douloureuse, sentant encore cette sorte de voile doux, cette présence maternelle si consolante. Puis cela aussi s'est évanoui, d'un coup. Et il n'est plus rien resté. Je suis retombée dans l'état qui m'habitait alors, mais ce souvenir si fort, cette expérience m'a accompagnée les quelques années qui ont suivi, jusqu'à ce qu'un soir de Pâques, j'aie de nouveau basculé de l'autre « côté ».
Bien des années plus tard, cette visite m'interroge toujours, je ne sais pas dire ce que j'ai vécu : mais j'y repense sans cesse lorsque j'entends dire de Marie qu'elle est « médiatrice », lorsque j'entends que Marie est là pour nous conduire à Dieu, à son Fils. Pas à elle, mais à Dieu. Si j'avance dans la foi, je

sais qu'Elle me conduit à la Rencontre, à l'union divine, à cet Amour qui m'a saisie, mais que je suis trop faible pour étreindre. Et je peux comprendre les paroles de Thérèse de Lisieux qui dit que le trésor de la mère appartient à l'enfant que je suis...

O Mère bien-aimée, malgré ma petitesse Comme toi je possède en moi Le Tout-Puissant Mais je ne tremble pas en voyant ma faiblesse : Le trésor de la mère appartient à l'enfant

*Et je suis ton enfant, ô ma Mère chérie. »*_

COMMENT VIVRE L'UNION MYSTIQUE A MARIE

La première chose, c'est de se consacrer à Marie en suivant la méthode de Grignion de Montfort. Non pas seulement avec l'intelligence, mais avec le cœur, en adhérant à chaque phrase. En écoutant les objections qui montent en vous et les conflits qui se manifestent, car nous sommes faits de parties qui ne sont pas d'accord entre elles. N'avancez pas dans la consécration tant que ces conflits ne sont pas résolus, car une partie veut appartenir totalement à Dieu et une autre partie qui est constituée elle-même d'autres parties, veulent se garder.

Et ces parties s'expriment par des craintes et des réticences. Il faudra alors rassurer ces craintes, peut-être même en reconsidérant l'ensemble du sens de la consécration. Est-ce que je veux renoncer totalement à moi pour être Totus tuus, tout à Jésus par Marie ? Nous sommes libres et notre cœur nécessite une libre adhésion de la volonté et de l'intelligence, sinon nous nous reprendrons sans même nous en rendre compte. Les 33 jours peuvent s'étendre sur plusieurs mois, mais cela en vaut la peine, car c'est toute notre vie présente et future qui en dépend.

La seconde condition sine qua non, c'est de tomber amoureux de Marie si ce n'est déjà fait ! Amoureux au point de penser tout le temps à elle, d'être le plus heureux du monde quand on ressent sa présence et qu'elle nous manque terriblement quand elle paraît absente. Que comme la fiancée du Cantique nous la recherchions partout en regardant des images, en lisant des textes qui parlent d'elle comme si nous relisions des lettres d'amour. Pour aimer vraiment quelqu'un, nous avons besoin de l'admirer au sens étymologique du terme, porter à elle notre regard pour voir à quel point elle est belle. On devra méditer sur tout ce qui fait sa beauté physique et intérieure, les deux étant indissociables. Quand on tombe amoureux sur le plan humain, on trouve que l'autre à toutes les qualités, car l'amour rend aveugle sur les imperfections de l'être aimé, on se dit 'comment ça a pu m'arriver à moi, elle est la femme de ma vie', jusqu'au jour où vient le désamour et on est désenchanté, on n'est plus sous le charme. Cela ne risque pas d'arriver avec Marie, car l'aimer nous rend de plus en plus lucides sur ses perfections. « La femme parfaite qui l'a trouvera ? » (Pr 31,10) Nous l'avons trouvée. Lisons et relisons les livres – en général anciens – qui parlent de ses gloires, de ses vertus, de son rôle dans le dessein divin. Et plus on la découvre et plus il nous reste à découvrir de ses qualités intérieures. Un ami qui voit la Vierge depuis quarante ans, redit à chaque apparition : « Que tu es belle, tu es chaque fois plus belle ! »

Nous pouvons écrire nous-mêmes un poème que nous pourrions appeler : « Oh ! je voudrais chanter Marie pourquoi je t'aime… » Et à ce poème, nous y ajouterions des strophes ou des vers quand ils nous viendront. Attention ! pas de plagiat, pas du convenu, que du vécu ! Pas de langage pieux, mais le langage qui sort du cœur et qui est unique pour chacun !
Chaque jour, essayons de trouver du temps pour la contempler et pour nous abandonner à son amour. Il sera nécessaire de faire des sacrifices, car l'homme

d'aujourd'hui prétend qu'il n'a plus de temps à lui. Le temps, il faut le prendre en renonçant à surfer bêtement sur le net, en s'informant des nouvelles plusieurs fois par jour. On peut sacrifier le journal télévisé en lisant rapidement les infos une fois par jour sur son téléphone, par exemple. On peut renoncer au film du soir et aux séries télé qui nous scotchent comme du papier tue-mouche. De toute façon, l'expérience est là pour dire que quand nous vivons en Marie nous nous détachons naturellement de l'audiovisuel qui nous vampirise les sens et l'âme. Au cours de la journée, revenons à elle ne serait-ce qu'une minute de temps en temps et pendant cette minute ressentons le profond bonheur que cela nous procure. Quelqu'un nous disait - un séminariste - que c'était impossible de penser à Dieu tout le temps. L'expérience prouve le contraire, car la vie divine est devenue non pas une seconde nature, mais notre vraie nature. On peut bien sûr avoir des loisirs, mais très vite comme un jeune amoureux on se rend compte que ces distractions ne nous distraient pas vraiment. Nous pensons quelquefois : qu'est-ce qui me ferait bien plaisir ? La société nous impose cette question malgré nous. Nous cherchons une réponse et nous ne la trouvons pas ou plus. J'ai tout ce qu'il me faut.

Un troisième point est important, c'est l'abandon, le lâcher-prise, comme on dit aujourd'hui.
« L'abandon est le fruit délicieux de l'amour » chante la Petite Thérèse. Quand on se sait aimé d'une manière indéfectible on se sent en sécurité et on se laisse faire dans une confiance totale. Et là nous arrivons à un point important.
Être prêt à vivre ses absences. Il avait bien de la chance, Grignion de Montfort, quand il affirmait qu'il avait en permanence la présence de Jésus et de Marie. En réalité, dans la plupart des cas nous allons constater que Marie en tant que mère, est une éducatrice. Elle veut notre bien. Et si les vertus nous sont infuses dans une union parfaite, elles doivent grandir comme elles ont grandi en elle lors de sa vie terrestre. L'ami dont nous venons de parler connaît parfois des temps assez longs où la Vierge ne lui apparaît plus… sans préavis et il en souffre beaucoup. Nous devions faire ensemble un voyage en Israël pendant une de ces périodes d'absence et il a renoncé à se joindre à nous, disant : je ne pourrais pas voir les lieux où elle a vécu sans elle.
« Bienheureuse celle qui a cru ! » Et les sécheresses font partie des temps où nous devons grandir dans la foi et l'espérance. Cet ami disait : elle m'apprend une autre notion du temps et donc la patience, un jour elle m'a dit : « Je reviens demain » et elle revenue un an plus tard, jour pour jour. La patience dans les épreuves est une qualité qui nous rend capables d'offrir sereinement nos

souffrances. Attendez-vous à ces périodes où l'amour est moins sensible. Profitez-en pour mettre en pratique, en mouvement, tout ce qu'elle vous a donné dans une charité plus active. Nous ne cherchons pas la sainteté pour être canonisés un jour, mais pour faire plaisir à Dieu en collaborant à son œuvre de salut du monde. De plus, la Vierge observe les temps liturgiques et l'expérience de chacun dans ce domaine est différente : soit sa présence se fera plus forte pour que nous vivions plus intensément les évènements que nous célébrons, soit elle nous laissera nous emparer par nous-mêmes, faire nôtres les temps liturgiques comme le carême.

Intensifions notre vie sacramentelle. On a souvent reproché aux mystiques et particulièrement aux ermites de vouloir se passer de la médiation de l'Église. Rien n'est plus faux, car ce que nous vivons dans l'union mystique avec elle nous révèle le sens profond et caché des sacrements. C'est vrai tout d'abord de l'Eucharistie qui est le sommet de la vie liturgique. Avant même l'institution de l'Eucharistie par Jésus elle a pu dire : « Ceci est ma chair, ceci est mon sang. » Elle a été le premier ostensoir du monde. Et au pied de la croix, elle a pu redire : « Il est ma chair, il est mon sang. » Dans sa vie avec saint Jean, pendant vingt ans, elle a reçu l'hostie des mains d'un homme et elle a compris la beauté du sacerdoce. Dans la pénitence aussi elle nous fait faire des progrès.

Témoignage

« J'avais toujours le même scrupule au moment de me confesser, je savais que j'allais avoir à dire l'acte de contrition et que je n'arriverais pas à le dire sincèrement : « Mon Dieu, j'ai un très grand regret de vous avoir offensé, parce que vous êtes infiniment bon, infiniment aimable et que le péché vous déplaît. Je prends la ferme résolution avec le secours de votre sainte grâce de ne plus vous offenser et de faire pénitence. » J'analysais les mots et j'étais d'accord avec eux, mais ce très grand regret je ne l'éprouvais pas vraiment. Cette fameuse contrition ne venait pas et je n'arrivais pas à la provoquer, j'avais l'impression d'être hypocrite et je retardais le moment de me confesser. J'oubliais les fautes que j'avais commises, d'ailleurs je les relativisais et je me disais : Dieu m'a déjà pardonné. Je n'arrivais pas non plus à voir clairement les fautes, heureusement qu'il y avait le péché par omission, parce que j'avais le malheur de ne pas connaître la nature de mes fautes. Je n'allais pas saouler

le prêtre par le récit de mes mauvaises pensées au risque de les lui refiler. Et puis je me suis consacré à Marie et j'ai commencé à sentir sa présence qui a peu à peu grandi en moi. Un jour, alors que j'avais eu des pensées mauvaises et agréables et que je m'y étais laissé aller avec complaisance quand je me mis à prier la Sainte Vierge et que je ressentis sa Présence, je me sentis profondément honteux. Je sentais qu'elle souriait, elle ne me faisait pas de reproche, mais elle prenait ma défense en adoptant mon propre langage comme un avocat qui plaide l'innocence de son client alors qu'il sait qu'il est coupable. «... Mais ce n'est rien, tu n'es qu'un homme, un pécheur et je suis le refuge des pécheurs. » Pourtant je ressentais de plus en plus que mon péché était grave parce que j'étais comme une tache sur sa Présence immaculée et après un temps de confusion où je protestais en disant « je ne suis pas digne de te recevoir », j'atteignis la contrition, le chant des larmes. Oui, j'avais un grand regret, un terrible regret d'avoir offensé Dieu et je ne voulais plus jamais l'offenser. »

L'union mystique à Marie est une dévotion affective. Pour être effective, elle doit être affective. En cela elle est très proche de la 'prière du cœur' orthodoxe. Il est nécessaire de comprimer son cœur et de ressentir des mouvements d'amour sensible. Elle est monologique, c'est-à-dire qu'elle ne consiste pas en de nombreuses paroles, mais dans une constante déclaration d'amour. On pourra aussi lui dire ces perfections et ses gloires, sa beauté, mais les paroles peuvent devenir superflues, car sa présence est une effusion qui conduit aux larmes et à la joie. Elle peut aussi suspendre en nous toute pensée, nous serons alors dans un seul regard, dans une pure communion. On peut s'endormir dans cet état et se réveiller de la même manière, le cœur rempli d'amour pour Marie. L'Esprit agit en nous selon son bon plaisir, parfois par des soupirs et des gémissements inexprimables, parfois en éveillant en nous le désir de regarder des images de la Passion, de voir par les yeux de Marie le corps de son Fils et de ressentir ce qu'elle a ressenti. Parfois encore, elle nous conduira à un amour qu'elle porte sur l'humanité et notre cœur enverra des vagues d'amour sur le monde, sur tous les hommes, sur nos proches, sur nos amis et sur nos ennemis. Nous pleurerons avec elle, nous nous réjouirons avec elle dans une douloureuse joie.

Nous pourrons également réciter le chapelet comme elle nous le demande, bien que cette pratique puisse devenir impossible puisqu'à prononcer le nom de

Marie notre âme peut « s'envoler », tout comme en prononçant le nom de Jésus. Et les deux sont présents dans le « Réjouis-toi ». Il faut également prévenir celui qui s'engage dans cette voie que le cœur peut devenir extrêmement douloureux, à la limite du supportable. Ne craignons pas un infarctus (!), mais souvenons-nous que Dieu a tellement aimé le monde qu'il a donné son Fils unique. Nous n'adhérons pas à la théologie qui veut que Dieu soit impassible, car tout ce qui arrive au Fils affecte le Père, qui est amour et miséricorde. Il faut aimer jusqu'à la déchirure du cœur, jusqu'au transpercement de notre cœur uni au Cœur de Jésus et Marie, lesquels ne sont qu'un seul Cœur comme l'a enseigné saint Jean-Eudes.

S'unir à la liturgie céleste

Partout où nous allons, c'est avec Marie, mais plus intensément à la messe. Nous l'avons dit, nous partageons sa dévotion eucharistique. Ne méprisons surtout pas la messe pour des motifs superficiels. Marie assiste à chaque messe en revivant la Passion de son Fils. En faisant mémoire, ce n'est pas un souvenir ancien qui est ravivé, c'est une réactivation d'une seule et unique mémoire qui dure dans le temps. Elle était présente au sacrifice de son Fils et il dure jusqu'à la fin des temps.

Même dans l'église la plus misérable, où le prêtre ne vient qu'une fois par mois, où le ménage n'est pas fait ou mal fait par quelques personnes âges, disons dans un lieu de culte qui ne peut pas être plus misérable que la crèche. Dans la liturgie orthodoxe, on dit :

« Seigneur, je ne suis pas digne que tu entres sous le toit misérable de mon âme. » Mais comme l'armée céleste a rempli le ciel de ses chants et de ses acclamations, de même la chapelle ou l'église se remplit de milliers d'anges. Comme il est écrit : « Là où se trouve le corps, là aussi sont les vautours », nous pouvons dire : « Là où se trouve le Corps du Christ s'attroupent les anges. » Il y a une catégorie d'anges qui veillent à la liturgie et qui réparent ce qui pourrait faire défaut dans la façon de célébrer. La 'Messe des Anges' est le chant grégorien le plus populaire au monde[12]. Le prêtre peut chanter faux comme une casserole,

Dieu entend juste, à cause du ministère des anges. Avec une amie qui a un esprit critique, nous avons assisté à une messe de village. Elle trépignait sur place tant le prêtre était maladroit et peu cultivé, ce qui ne l'empêchait pas de parler haut et fort, surtout pendant l'homélie qui ne voulait pas dire grand-chose. On atteignit le comble au moment de la consécration et de l'élévation, le prêtre se montrait emphatique et théâtral. Notre voisine se retourna vers nous pour lâcher : « Ah ! Non ! » Nous lui avons simplement dit que Dieu était très humble pour se livrer aux mains des hommes. Les prêtres ont eux aussi besoin de la miséricorde.

Il y a deux options pour la liturgie comme pour la vie mystique. L'une est dépouillée et l'autre baroque, Jean de la Croix ou Thérèse d'Avila. Dès le quatrième siècle, on passe de l'église domestique, sur le modèle synagogal, à la basilique (du grec basileus, l'empereur). La Maison-Dieu cherche à être une anticipation de la liturgie céleste. L'Église est recouverte de mosaïques, les anges et les saints sont partout présents et l'utilisation de tesselles d'or doit manifester la gloire. Le chant est d'une ravissante - au sens étymologique du terme : qui provoque le ravissement - beauté. La polyphonie byzantine, où la mélodie s'adresse à l'âme et le rythme au corps, fait vibrer les aigus figurant les voix célestes et les basses profondes pénètrent jusqu'aux racines de l'être. Une vieille religieuse qui n'avait jamais quitté son couvent eut l'occasion d'écouter à la radio la liturgie de saint Jean Chrysostome, chantée en slavon. « J'étais au ciel » nous confia-t-elle. C'est le but recherché. On peut vivre quelque chose d'approchant en assistant à une grand-messe à Saint-Pierre de Rome. Décor, architecture et qualité du chant contribuent pour élever l'âme jusqu'au Ciel. Cluny a été conçu sur ce concept. Il fallait que l'homme du peuple pénétrant dans cette abbatiale, surtout pendant un office, rencontre Dieu dans sa beauté et dans sa gloire. Mais saint Bernard, contre Suger, s'insurgea contre le caractère non évangélique de cette forme de liturgie qui faisait étalage de luxe et qui avait de quoi scandaliser ceux pour qui les pauvres sont la priorité. La réforme cistercienne prôna le dépouillement et la sobriété. Autre forme de la beauté, minimaliste qui invite au recueillement et à la contemplation. Nous avons tous, un jour ou l'autre, connu l'éblouissement esthétique que procure une église romane.

Dieu dans son immense majesté ou Dieu pauvre, les deux ne sont pas incompatibles et la messe de Paul VI devrait le permettre. Malheureusement, la réforme liturgique a entraîné des abus où la pauvreté s'est changée en misère, où le mystère a été évacué. Une liturgie pauvre ou riche doit rester belle.

Quoiqu'il en soi, c'est notre attitude intérieure qui compte. Notre vie mystique doit anticiper la messe et la prolonger. Quitte à nous répéter, nous citerons cette sublime parole de Marthe Robin qui parle de ce qu'elle connaît : « Toute vie est une messe et toute âme est une hostie. » Alors, si c'est ce que nous vivons, la messe la plus misérable deviendra le paradis et le plus grand des miracles qui soit, qui toujours nous émerveillera.

Surtout, n'ayons pas peur du saint égoïsme ! Car il se peut que ce scrupule vous prenne, c'est un piège du démon, un de ses mensonges. Se laisser sanctifier est la plus grande œuvre que nous pourrons accomplir dans cette vie. Dans la vie mystique, personne ne vit pour lui- même, ou alors il est dans l'illusion. C'est dans l'amour que nous recherchons de toutes nos forces que réside le véritable altruisme, pas dans l'illusion humaniste de se mettre au service d'une cause. Agir dans une œuvre charitable doit être un débordement. Le plus grand service que l'on peut rendre à l'humanité, c'est de trouver le vrai bonheur et d'en rayonner. Tout témoignage qui ne repose pas sur cette réalité est voué à l'échec.

Prions avec Saint Éphrem le Syrien (306-373), Docteur de l'Église, premier mariologue, appelé la Harpe du Saint-Esprit.

« Ô ! Souveraine Mère de Dieu qui enfantas le Christ Dieu notre Sauveur »

« Vierge Souveraine, Génitrice de Dieu, Salut de la famille unie des chrétiens, tu ne cesses de jeter sur nous le regard d'une tendre Mère. Tu nous aimes comme si nous étions tes enfants, toujours disposée à nous chérir. Tu répands sur nous d'ineffables bienfaits : tu nous protèges et tu nous sauves. Veillant sur nous avec sollicitude, tu nous délivres du danger des tentations et de la multitude des pécheurs qui nous environnent. Pleins de reconnaissance, nous te remercions, nous célébrons ta munificence, nous publions tes bienfaits, nous chantons à haute voix tes merveilles, nous louons ta sollicitude, ta prévoyance. Nous élevons dans nos hymnes ta puissance tutélaire, nous immortalisons ton inépuisable miséricorde. Les bienfaits que tu as répandus sur nous par le passé sont gravés dans notre mémoire, et nous nous souvenons à quels dangers imminents tu nous as arrachés. Nous t'adressons ce cantique de grâces, comme une dette que nous acquittons, cantique toujours au-dessous de tes bienfaits. Eh ! Quelle voix pourrait les célébrer dignement ? Cependant, nous prenons courage, nous implorons humblement ta miséricorde, pour que tu entendes les cris de détresse de tes serviteurs. Dépose notre demande aux pieds de ce Dieu que tu as engendré, pour qu'Il nous sauve de la damnation éternelle et que nous puissions louer le Nom trois fois saint du Père, du Fils et du Saint-Esprit, et aujourd'hui et dans l'éternité des siècles. Tu vois, ô Très Sainte Souveraine, Enfantrice de Dieu, tu vois tous les pièges dont nous enveloppe l'esprit malin, l'esprit impur. Vois toutes les passions criminelles qu'il éveille en nous, et dont il nous enlace comme d'un réseau. Apparais et ne repousse point notre prière. Pourquoi détourner ton visage et oublier notre faiblesse ? Écarte les embûches du démon qui nous tente, sois notre asile dans cette guerre, apaise par ton intercession bienfaisante la colère divine que nos égarements ont excitée. Ajoute ce nouveau bienfait à tant d'autres, et nous célébrerons dans nos cantiques ton nom, celui de ton Fils et notre Dieu qui, de même que son Père, est sans commencement. Souveraine Mère de Dieu qui enfantas le Christ Dieu notre Sauveur, je place toute mon espérance en toi qui es au-dessus de toutes les puissances du ciel. Ô Vierge, emblème de la pureté, fortifie-moi de ta sainte grâce ; dans cette vie, sois mon guide, conduis-moi selon la volonté de ton auguste Fils notre Dieu. Obtiens-moi la rémission de mes péchés, sois mon refuge, ma protection, ma délivrance, sois la main qui me dirige vers la vie éternelle. Souveraine, Souveraine, ne m'abandonne pas à l'heure suprême, hâte-toi de m'apporter le secours qui m'est nécessaire, arrache-moi de la cruelle tyrannie des esprits de l'enfer. Tu es la très bonne Mère du Christ notre Dieu, tout ce que tu veux, tu dois le pouvoir. Toi, seule Souveraine et Génitrice de Dieu, tu es dans une sphère élevée au-dessus de toute la terre. Quant à nous, Épouse de Dieu, nous te bénissons avec foi, nous t'honorons avec amour, nous te rendons un culte respectueux, nous chantons tes louanges et nous proclamons ta béatitude dans le langage de la vénération. Tu es en effet la gloire des gloires, la récompense des récompenses, la puissance des puissances. Ô Souveraine, mon bonheur après Dieu, rosée divine qui apaise l'ardeur brûlante qui me dévore, source jaillissante du sein de Dieu même, à laquelle se rafraîchit mon cœur embrasé, lumière éclatante de mon âme plongée dans les ténèbres, guide du faible, appui du pauvre, manteau de la nudité, richesse de l'indigent, remède des plaies incurables, tu taris les pleurs, tu apaises les soupirs, tu allèges les infortunes, tu guéris les douleurs, tu brises les chaînes. Espérance de mon salut, exauce mes prières, aie pitié de mes gémissements, accueille mes lamentations, aie compassion de moi, laisse-toi fléchir par mes larmes. Que pour moi tes entrailles soient émues. N'es-tu pas la Mère d'un Dieu bienfaisant ? Jette un regard de bonté, accueille favorablement ma prière, réponds à mon désir, étanche ma soif. Unis-moi à ma famille, à mes compagnons de service, dans la terre des hommes pacifiques, dans le sanctuaire des justes, dans le chœur des saints, et rends-moi digne, toi, protection et joie de tous et volupté pure, de participer à ta félicité, je te le demande, à la joie inénarrable du Dieu et Roi que tu as engendré, à ses noces inexplicables aux délices inépuisables, à son Règne éternel et sans fin. Car tu es ma Souveraine, mon refuge, ma vie, ma protection, mon armure, ma joie, mon espérance, ma force ; fais-moi jouir, de concert avec toi, vers les régions célestes, des dons indicibles et inconcevables de ton Fils. Tu as, je le sais, une puissance égale à ta volonté, telle enfin que doit l'avoir la Mère du Très-Haut. Aussi me suis- je enhardi, fais que je ne sois pas trompé dans mon attente, fais que cette attente soit remplie, ô très pure Souveraine, Épouse de Dieu, toi qui, contre les lois de la nature, as enfanté le Seigneur attendu de tous, notre Seigneur et vrai Dieu, Jésus Christ à qui revient toute gloire, tout honneur et toute vénération, avec son Père sans commencement et son très saint, bon et vivifiant Esprit, maintenant et toujours et dans les siècles des siècles. Amen. »

Vous voulez réussir votre vie et cela, quel que soit votre âge ?

La réussite la plus glorieuse vous attend.

Vous voulez posséder de grands biens, venez vous servir à pleine main et bientôt vous posséderez la terre.

Vous rêvez d'un amour profond et durable, totalement partagé sans l'ombre d'une jalousie ou d'un soupçon
Avec la plus belle Femme du Monde.
Elle vous attend.
Elle a amassé des trésors de tendresse et de bonheur, car depuis longtemps elle pense à vous sans jamais oser vous demander de l'épouser, car elle est discrète et patiente.

Vous rêvez d'un épanouissement humain, elle est la reine d'une humanité nouvelle et s'occupera de votre développement personnel.

Vous rêvez d'aventure ?
L'aventure mystique est la seule qui vaille la peine d'être vécue.
Tout ce que à quoi nous aspirons, nous l'obtiendrons, tous nos désirs seront comblés.
Vous craignez que les satisfactions passagères que vous procurent vos passions vous manquent un jour,
C'est une jouissance infinie qui vous fera oublier les plaisirs passagers Qui n'enfantent rien et font désespérer d'être un jour satisfait.

Vous pouvez rêver d'une sublime harmonie d'une mélodie qui vous perce l'âme et le cœur à en défaillir.
Vous pouvez rêver d'un repos et d'une totale absence de souci Dans la lumière dorée d'un soleil sans couchant.
Vous rêvez de découvrir des régions inconnues,
De contempler des paysages de rêves aux couleurs que vous n'avez encore jamais vues Car les couleurs sont filles de la lumière.
Le soleil que je vous propose engendre des couleurs qu'aucun peintre n'a pu rendre.

Mais la règle du jeu c'est qui perd gagne. Et quand vous connaîtrez bien cette règle
Vous aimerez à vous perdre, vous prendrez plaisir à vous perdre et chercherez toutes les occasions de jouer
Car la mise est immense sans proportion avec ce que vous avez engagé.

« La Sainte Vierge n'avait pas de chance, Elle n'avait pas la Sainte Vierge à aimer. »

Sainte Thérèse de Lisieux

(La citation intégrale est la suivante : « Ce que la Sainte Vierge a de plus que nous, c'est qu'elle ne pouvait pas pécher, qu'elle était exempte de la tache originelle ; mais d'autre part, elle a eu bien moins de chance que nous, puisqu'elle n'a pas eu de Sainte Vierge à aimer ; et c'est une telle douceur de plus pour nous, et une telle douceur de moins pour elle ! »)

En couverture le tableau est un œuvre de l'auteur
Vous pouvez trouver d'autres de ses peintures sur le site :
www.viemystique.com

Les enseignements de Stéphane Amos Diby sont accessibles sur sa chaîne YouTube :
https://www.youtube.com/channel/UCQx8CUeJQOEyR3wWMLwZCiQ

DIBY YAOU STÉPHANE-YVES alias Amos est né à Abidjan (Côte d'Ivoire). Il fait l'expérience de l'Amour de Dieu en 1993, après trois années de crise d'adolescence. Il sera membre du renouveau charismatique pendant quatre ans à la paroisse Saint Marc de Yopougon. Il devient ensuite membre d'une communauté catholique quatorze années durant.
Amos Diby fera son philosophât au séminaire saint Yves de Rennes, en France de 2001 à 2003. Au sein de la communauté il a été responsable successivement de deux maisons en tant que frère consacré.

Depuis 2010 il redevient laïc et exerce en ce moment une profession d'Artiste peintre en France et en Côte d'Ivoire où se trouve sa galerie d'art (la Galerie Amos).

Dans l'Église il sert dans un apostolat « ÉCOLE DE PRIÈRE » sous l'autorité diocésaine du Secrétaire Exécutif Diocésain de l'Apostolat des Laïcs) d'Abidjan.

A l'instar du Père Tardif sa prédication s'accompagne de nombreuses guérisons.

Les équipes d' « ÉCOLE DE PRIÈRE » sont un apostolat d'Église (c'est-à-dire, rattaché à une paroisse, avec comme référent ecclésial le mandataire de l'Église, le Curé, l'Aumônier) qui a pour but de disposer des espaces de formations à la prière et à l'approfondissement de la foi.

Ceci en vue de permettre aux Fidèles chrétiens de croître dans l'union à Dieu et acquérir une autonomie spirituelle.

Pour ce faire, nous avons élaboré trois axes majeurs d'action:
• Des formations selon la tradition Catholique, essentiellement basées sur la spiritualité carmélitaine
• Des temps conséquents de prières pour une croissance dans l'union à Dieu
• Des missions d'évangélisation

Il convient de préciser que les activités de l'Apostolat, nées en Côte d'Ivoire sont à ce jour, représentées à Paris (France) , Bruxelles (Belgique), Aachen (Allemagne) et préparent d'autres lieux d'implantations. Les différentes équipes constituent de vrais foyers de prières quasi continuelles.

Amos est domicilié dans le Sud-Ouest de la France et est paroissien de la Cathédrale de Dax dans les Landes.

Printed in Great Britain
by Amazon